Shaina Joy Machlus

Nur Ja! heißt ja

Eine Anleitung zu sexuellem Konsens

Aus dem Englischen von Jennifer Sophia Theodor

Mit Illustrationen von Janice Mantwill und Marie Michael

Shaina Joy Machlus

Nur JA! heißt ja

Eine Anleitung zu sexuellem Konsens

orlanda

Inhalt

Redaktionelle Vorbemerkung

Shaina Joy Machlus hat das vorliegende Buch ursprünglich auf Englisch und mit Bezug auf den spanischen Kontext verfasst. Die vorliegende Übersetzung bemüht sich um Geschlechterneutralität und -inklusivität in der deutschen Sprache und um die Vermeidung diskriminierender Bezeichnungen, Metaphern und Konzepte.

Machlus ist um Begriffsarbeit bemüht. Um eine gemeinsame Verständnisgrundlage zu schaffen, gibt es am Ende des Buches ein Glossar zum Nachschlagen. Die Begriffe und Definitionen darin sind nicht fest, sondern stets veränderlich und erweiterbar. Im Glossar enthaltene Begriffe sind bei erster Verwendung *kursiv* gekennzeichnet.

Zudem werden die Konzepte *westlich* und *weiß* durch Kursivsetzung als historisch und politisch bedingte Konstruktionen gesellschaftlicher Dominanz markiert. Positionsbeschreibungen, die jeweils die unterdrückte Perspektive bezeichnen, wie etwa die von Schwarzen Menschen oder Indigenen Gesellschaften, werden großgeschrieben. Bei der Schreibweise »beHindert« und »BeHinderung« soll durch das große H verdeutlicht werden, dass Menschen mit BeHinderungen ständig Hindernisse zu überwinden haben, durch die ihnen die Teilhabe am gesellschaftlichen Leben erschwert wird. Das Sternchen, wie beispielsweise in Leser*innen, ist eine geschlechterinklusive Schreibweise, welche Raum für die Vielfalt an Geschlechtsidentitäten schafft und diese miteinbezieht.

Einfache Anführungszeichen kennzeichnen die Distanzierung der Autorin von der üblichen Vorstellung eines Begriffs.

In der vorliegenden Übersetzung wurde das Glossar um einige Begriffe erweitert. Zudem wurden dem Fließtext vereinzelte Beispiele aus dem deutschen Kontext beigefügt. Diese Ergänzungen sind in eckige Klammern gesetzt. Literaturangaben der Autorin, die nicht direkt im Fließtext zitiert wurden, sowie ergänzte deutschsprachige Literaturempfehlungen finden sich auf den letzten Seiten dieses Buches.

Warnung

Dieses Buch erwähnt und beschreibt sexualisierte Gewalt, Gewalt gegen Frauen und geschlechtlich nicht-konforme Menschen, Gewalt im Allgemeinen, Vergewaltigung, Diskriminierung, Rassismus und Sexismus.

Widmung

Nichts wird neu erfunden. Dieses Buch beruht auf der Brillanz und dem Mut verschiedener Frauen und geschlechtlich nicht-binärer Menschen, die mir fast alles beigebracht haben, was ich weiß.

Für Delilah, Jolene, Penny und für eine Zukunft, die ganz Eure ist! Tante Shay-Shay hat Euch lieb – bis zum Mond.

Einleitung

Bevor dieses Buch zum Buch wurde, war es ein Fanzine und davor ein Artikel. Doch zuallererst, und vielleicht am bemerkenswertesten, war es ein gefährlich leerer Raum. Ähnlich der leeren Seite, die ich gerade anstarre, während ich diese ersten Worte schreibe.

In der *queeren* Community, zu der ich in meiner Heimat in den USA gehörte, war Konsens ein ziemlich verbreitetes Konzept. Nachdem ich ein paar Jahre in Barcelona gelebt hatte, in feministischen Kreisen unterwegs war und ein wenig Recherche betrieben hatte, wurde mir klar, dass die Idee vom sexuellen Konsens – vom ausdrücklich einvernehmlichen *Sex* – in der spanischen Sprache keinen Platz gefunden hatte. Ich saß also in meiner kleinen Wohnung in Sant Antoni in Barcelona und blickte auf eine riesige klaffende Leerstelle. Der erste Artikel, den ich auf Spanisch über Konsens veröffentlichte, war ein Versuch, diese Lücke zu füllen. Er erwies sich jedoch lediglich als Reparaturversuch mit unzureichenden Mitteln: Der Artikel wurde kaum beachtet – es gab keinerlei Reaktionen darauf.

Der Misserfolg des Textes überzeugte mich erst recht von der Notwendigkeit, mit so vielen Leuten wie möglich über Konsens zu sprechen. Als *Frau* habe ich selbst zahlreiche Erfahrungen gemacht, in denen mein »Nein« nicht gehört wurde: Situationen, in denen die andere Person dennoch beharrlich blieb, was zu kleinen bis wirklich erschütternden Übergriffen führte. Ich hatte auch schon großartige sexuelle Begegnungen voller Erkundungen, in denen wir immer wieder unser gegenseitiges Einverständnis einholten. Diese Offenheit war auf die bestmögliche Weise bewegend. Die Gegensätzlichkeit dieser Erfahrungen machte mir deutlich, dass sexuelles Einvernehmen – sexueller Konsens – zu unglaublich gutem Sex führt. Dabei ist Konsens an sich wirklich unkompliziert. Er ist leicht zu verstehen und zu praktizieren. Zugleich verhindert Konsens nicht nur Vergewaltigungen, sondern er ermutigt und stärkt Menschen darin, Sex zu genießen.

Ich dachte also über verschiedene Möglichkeiten nach, wie ich die Wichtigkeit von Konsens im großen Stil an die Leute bringen konnte. Nachdem ich ein paar vage Nachrichten in den Chat meines Gemeinschaftsbüros geschickt hatte, ereilte mich das größte Glück: Petra Eriksson. Aus Gründen, die ich wahrscheinlich nie verstehen werde, erklärte sich Petra bereit, meinen Artikel zu etwas wunderbar Sichtbarem, Druckbarem und leicht Verständlichem zu machen. Wir trafen uns fast drei Jahre lang wöchentlich, um gemeinsam ein Fanzine zu gestalten. Nebenbei freundeten wir uns miteinander an. Aus dieser Begegnung und mit Unterstützung der herausragenden Lektorin Marta Delatte, der Übersetzerin Nuria Curran und dem kurzfristig eingesprungenen Zweitübersetzer Cristian Pallejà sowie mit Lucia Lijtmaer und Marisa Kurk entstand das Fanzine »La palabra mas sexy es… Sí« (dt. »Das sexyeste Wort ist … Ja«). Wir wollten, dass es von allen, überall und immer genutzt werden könnte, also stellten wir es auf consentzine.com kostenlos zum Herunterladen zur Verfügung. Dann warteten wir auf eine Reaktion.

Diesmal klappte es. Leider hing die erhöhte Aufmerksamkeit mit dem Gerichtsverfahren zusammen, das bezüglich der Gruppenvergewaltigung einer 18-jährigen Frau in Pamplona, Spanien, durch eine Gruppe *Männer* namens »La Manada« (dt. »Das Rudel«), stattfand. Das Gericht bezog sich bei seinem Urteil weder auf fundierte Quellen noch auf Gesetze zu Konsens (die es im spanischen Kontext auch kaum gab). So wurde geurteilt, dass das Schweigen der Frau bedeutete, sie habe zugestimmt, von fünf Männern oral, vaginal und anal penetriert zu werden. Aus diesem Grund suchten nun viele Menschen – jetzt mehr denn je – nach Informationen über Konsens. Und da es auf Spanisch so wenig Material gab, stießen sie auf unser Fanzine.

So auch eine Praktikantin der Verlagsgruppe Penguin/Random House, die zu beiden Präsentationen des Fanzines kam und es ihren Vorgesetzten zeigte. Es geschieht selten, dass eine einzige Person, in nur einem einzigen Moment, den Verlauf des Lebens einer anderen grundlegend verändert. Doch Clara tat genau das und ich bin ihr ewig dankbar für ihren beharrlichen Einsatz für dieses Projekt!

Mein Traum, ein Buch zu schreiben, wurde wahr. Es nahm schnell Form an, und nun dachte ich genauer über die Lesenden nach. Für wen war dieses Buch bestimmt? Mit Menschen zu sprechen, deren Meinung, Werte und Geschichten den eigenen ähneln, kann heilsam und enorm stärkend sein. Mir persönlich hat es dabei geholfen, mich von einigen meiner Traumata zu erholen. Doch je mehr Vorträge ich über Konsens hielt, die vornehmlich von Frauen mit ähnlichen Gedanken und Lebensgewohnheiten besucht wurden, desto bewusster wurde mir, dass ich mit meiner Botschaft eigentlich vor allem jene Menschen erreichen will, die anders denken als ich.

Ich versuchte also, dieses Buch auf eine Weise zu verfassen, dass sich so viele Menschen wie möglich damit auseinandersetzen könnten – auch wenn sie vielleicht nicht allem zustimmten. Das Buch ist so aufgebaut, dass ein Einstieg in den Text an jeder Stelle möglich ist und Lesende sich die Informationen heraussuchen können, die sie gerade am dringendsten brauchen. Ich träume davon, dass Menschen aller Altersgruppen, Hintergründe und Lebensweisen dieses Buch lesen und es einander schenken. Ich stelle mir vor, wie Partner*innen, im Bett auf Kissen gestützt, ihre Exemplare lesen; Eltern es ihren Kindern geben; Kinder es ihren Eltern geben; wie es in der sexuellen Bildung in Schulen zum Einsatz kommt; in den Wartezimmern von Ärzt*innen ausliegt; wie Fußballtrainer*innen es im Team verteilen; Oberschüler*innen in den Schulfluren darüber sprechen; abgegriffene Exemplare in besetzten Häusern und Behördengebäuden herumliegen. Damit will ich sagen: Dieses Buch soll eine Anleitung zum Konsens für alle sein. Es ist mit der Absicht geschrieben, einen geschützten Raum für alle Menschen zu bieten; egal, was dein *Geschlecht* ist; egal, welchen familiären Hintergrund du hast, was *Rassismus* und Klassenverhältnisse angeht; egal, welche Fähigkeiten oder Beeinträchtigungen du mitbringst; egal, wie du sonst verortet und unterwegs bist: Es geht hier darum, dass du (ja, du!) es verdienst, wahrgenommen zu werden. Das Buch bietet einen unendlich weiten Raum, in dem alle Platz finden, die hereinkommen wollen. Doch das ist nur der Rahmen, der allererste Anfang eines Gesprächs über Konsens.

Durch ein breites Verständnis von Konsens kann so viel Leid beendet werden – und ich bleibe weiterhin zuversichtlich, dass die Mehrheit der Menschen daran interessiert ist. Aber bitte versteht meinen freundlichen Ton nicht als Naivität oder reine Nettigkeit: Ich bin wütend, schockiert und außer mir über den Zustand der Welt. Wie könnte irgendwer das nicht sein? Im Text stelle ich meiner eigenen Meinung Tatsachen aus zitierten Quellen und Beschreibungen in der dritten Person voran, um dem Material mehr Stichhaltigkeit zu verleihen – eine solide Grundlage, auf der wir uns bewegen können. *Westliche* Gesellschaften haben eine besonders dogmatische Perspektive auf wissenschaftlich fundierte ›Fakten‹. Obwohl ich nicht so begeistert von dieser institutionellen Verehrung bin, die so offensichtlich die Ideen jener ignoriert und entwertet, die sich eine höhere Bildung nicht leisten können oder wollen, erkenne ich an, dass es wichtig ist, eine stabile Wissensgrundlage zu haben, auf der wir die Debatte für ein Ende von *Vergewaltigungen* und *Vergewaltigungskultur* führen können.

Zu dieser Grundlage gehört eine gemeinsame Sprache, damit wir einander verstehen können – und das trotz verschiedener Bildungshintergründe, politischer Parteinahmen, unserer Klassenunterschiede und weiterer gesellschaftlich hergestellter Trennlinien. Am Ende dieses Buchs gibt es ein Glossar mit Begriffen und Definitionen. So sprechen wir dieselbe Sprache, egal ob eine Person hier zum ersten oder zum tausendsten Mal das Wort »*cis*« im Zusammenhang mit Geschlecht liest.

Das Buch ist ursprünglich für den spanischen Kontext verfasst worden, wo es eines der ersten Bücher war, die sich mit Konsens beschäftigen. Darin liegt sein Verdienst. Lücken warten darauf, gefüllt zu werden. Es erscheint also sinnvoll, von Anfang an zu versuchen, über Konsens auf eine Weise zu sprechen, die geschlechtsneutral, *dekolonisiert*, alle einbeziehend, antirassistisch, enthindernd (statt beHindernd), *sex-positiv*, nicht *heteronormativ*, nicht *cisnormativ* ist.

Trotz meiner Bemühung, aus einem *intersektionalen* Bezugspunkt heraus zu schreiben, habe ich auf dem Weg sicherlich viele Fehler gemacht. Gruppen von Menschen nicht auf dem Schirm zu haben und/oder ihnen nicht mit ausreichend Respekt zu begegnen, ist eine erschreckende und zugleich beinahe gewisse Wirklichkeit. Stolpern und Fallen ist wohl ein notwendiger Teil unseres Weges, wenn wir über Dinge sprechen wollen, die üblicherweise – oft wegen ihrer Komplexität – ungesagt bleiben. Diese Themen sind oft heikel und schwer kontrollierbar, doch genau deshalb müssen wir uns ihnen widmen. Ich möchte unbedingt daran mitwirken, eine passendere Sprache zu erarbeiten und Konzepte niederzuschreiben: das Wort »queer« selbstverständlicher zu benutzen, Vorstellungen von biologischem und sozialem Geschlecht zu hinterfragen und ausgiebig darüber nachzudenken, wie im Spanischen – und nun in der Übersetzung ins Deutsche – geschlechtsneutral geschrieben werden kann. Ich versuche, uns in unserer gemeinsamen Menschlichkeit miteinander zu verbinden.

In der spanischen Sprache ohne Geschlecht zu schreiben, ist eine besonders herausfordernde Aufgabe (fragt bloß Nuria, die den Text ins Spanische übersetzt und von Anfang an daran mitgeschrieben hat). Ich bin überzeugt, dass Sprache sich eines Tages dahin entwickeln wird, die wunderbare Vielfalt aller Menschen zu beherbergen – doch das ist ein fortwährender Prozess. Angesichts der vielen *geschlechtlich nicht-konformen* Menschen, denen wir einen Großteil der Theorien zu Konsens verdanken, halte ich diese Bemühung für umso notwendiger und wertvoller. Die literarische Welt amüsiert sich häufig und ungerechterweise über Menschen, die verschiedene Techniken dafür finden und ausprobieren. Hierzu zählen die Wortendungen x, i, e oder @ im Spanischen [oder die Sternchen, Unterstriche und weiteren geschlechterinklusiven Schreibweisen im Deutschen]. Doch dank dieser Leute, die mutig und unermüdlich verschiedene Möglichkeiten ausprobieren, werden wir eines Tages zu einer Sprache gelangen, die für alle passt, die sie benutzen.

An manchen Stellen lässt es sich nicht vermeiden, die zwei üblicherweise vorausgesetzten Geschlechter zu benennen (z.B. wenn es um Vergewaltigungsstatistiken und Vergleichsdaten zwischen Männern und Frauen darin geht). Zudem kann es helfen zu verstehen, wie wir zu der jetzigen Situation gekommen sind. Auch wenn dadurch die Vorstellung von zwei einander gegenüberstehenden Geschlechtern [*Zweigeschlechtlichkeit, Geschlechterbinarität*] wiederholt wird, soll sie nicht unterstützt und verstärkt werden. Ich möchte auch darauf hinweisen, dass ich mit »Frauen« sowohl *trans* Frauen als auch cis Frauen meine und mit »Männer« sowohl trans als auch cis Männer, sofern ich es nicht anders angebe.

Trotz der literarischen Neuheit des Konsens-Konzepts in der spanischen Sprache wäre es albern, die Ideen in diesem Buch als neu oder als meine zu präsentieren. Im ganzen Buch gibt es Zitate von weiteren Autor*innen, um jenen Menschen volle

Anerkennung zu zollen, die mein Herz und meinen Verstand mit dem Wissen gefüllt haben, das ich in diesem Text zusammenfasse. Durch die Arbeit dieser Menschen kann das Buch eine starke Waffe gegen Vergewaltigungskultur sein.

Die Bibliografie sollte als besonders hilfreiches Werkzeug betrachtet werden. Sie bietet allen eine Quelle, die mehr über die Themen dieses Buchs erfahren wollen. Die meisten aufgeführten Bücher müssen noch aus dem Englischen übersetzt werden, was nur geschieht, wenn Leute dies einfordern.

Abschließend möchte ich meine eigenen *Privilegien* anerkennen. Wir leben in einer Welt – in einem hierarchischen System – das bestimmte gesellschaftliche Konstruktionen anderen überordnet. Diese setzen sich mitunter aus Weißsein, beschränkten Vorstellungen von Attraktivität, Mobilität, Klasse, Nationalität, *sexueller Orientierung,* Glaube, Geschlecht und vielem mehr zusammen. Neben einer Reihe weiterer Privilegien, werde ich als *weiße* Person bevorteilt. Es wäre problematisch, die Tatsache auszulassen, dass ich aufgrund von gesellschaftlichen Vorteilen, für die ich nichts getan habe, überhaupt erst die Möglichkeit habe, dieses Buch zu verfassen. Dieses Buch ist aus einer Perspektive anglo-europäischer Privilegierung geschrieben, die ich aktiv aufzuarbeiten versuche.

Ich lasse mich anleiten von Menschen, deren Identitäten und Verortungen historisch und gegenwärtig weniger Privilegien erfahren: Schwarze Menschen, weitere Menschen ohne *weiße Privilegien*, trans Menschen, geflüchtete Menschen, Menschen, die beHindert werden etc. Jede wahrhaft soziale Bewegung – einschließlich der Bewegung zur Beendigung von Vergewaltigung – muss ihr zentrales Anliegen an jenen orientieren, die im Verlauf ihres Lebens gelernt haben, innerhalb und an den Rändern von Unterdrückungssystemen zu überleben. Deshalb ziehe ich es in diesem Buch sowie im Leben generell vor, Informationen aus an den Rand gedrängten Gemeinschaften zu beziehen. Ich hoffe, dieses Buch kann einen Beitrag zu einer umfassenderen intersektionalen Auseinandersetzung mit Gewalt und Ungerechtigkeit leisten. Wir brauchen dringend mehr Bezugnahmen auf das Wissen diverser Menschen, die über Konsens, über Vergewaltigungskultur und über Gewalt sprechen. Je mehr Stimmen und Perspektiven, desto besser. Dies ist nur ein Anfang und ich bin gespannt darauf, weiter zu lernen.

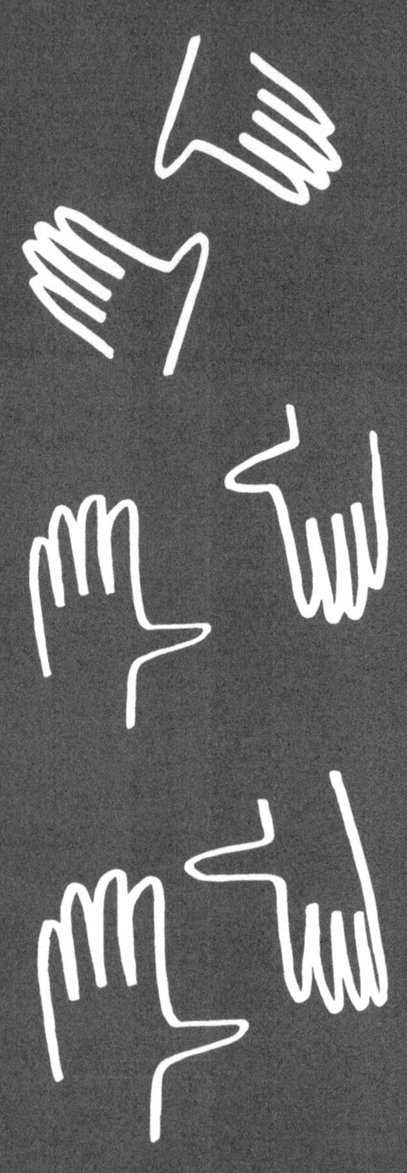

1 Geschlecht, Sex, Körper – Grundlagen

Liebe*r Leser*in,

danke, dass du zu diesem Buch gegriffen hast. Bevor du weiterliest, möchte ich dir ein paar vorsorgliche Worte mitgeben.

Es ist nicht leicht, zu lernen und sich neuen Ideen zu öffnen. Bildung ist körperliche und emotionale Arbeit. Besonders, wenn gedankliche Muster entwirrt werden, die wir unser Leben lang gelernt haben. Diese neurologischen Pfade sitzen tief. Neue Nervenverbindungen im Gehirn zu schaffen, erfordert Übung und Geduld. Lernen kann schmerzhafte Gefühle hervorrufen und uns an traumatische Erfahrungen erinnern, die uns als solche nicht einmal bewusst waren. Lernen kann dazu führen, dass wir uns verwundbar fühlen; so als würden die Mauern zerstört, die wir zu unserem Schutz aufgebaut haben. Lernen kann alle möglichen Gefühle erzeugen. Wenn diese Gefühle aufkommen, ignoriere sie nicht und bestrafe dich nicht für sie. Erkunde lieber, wie du auf bestimmte Themen reagierst und warum; das ist ein wichtiger Teil der Reise. Scheue nicht davor zurück, dir professionelle Hilfe oder die Unterstützung eines geliebten Menschen zu holen, um diese Gefühle zu verstehen und ihnen Raum und einen Platz zu geben.

Schuldgefühle sind eine gewöhnliche Reaktion auf ungewohnte Konzepte, etwa wenn wir uns fragen: »Wie konnte ich das bloß nicht erkennen?« Etwas nicht zu wissen, bedeutet nicht, dass du dumm oder böse bist. Die Gegenüberstellung von dumm und klug oder von gut und böse ist sowieso falsch: Wir alle haben unterschiedliches Wissen und befinden uns an verschiedenen Punkten unseres Lernens und Wachsens. Du kannst nicht wissen, was du nicht weißt. Es ist unmöglich, Fragen zu stellen, wenn wir nicht einmal wissen, dass es da eine Frage zu stellen gibt. Wir können nur stetig nach Informationen suchen und unser Bestes tun, um uns weiterzubilden. Das Ergebnis ist die Mühe absolut wert, doch der Lernprozess ist kompliziert. Rechne also damit, dass du Fehler machst. Lasse die Angst davor, irgendetwas falsch zu machen, dich nicht davon abhalten, nach Wissen zu suchen und es anzuwenden. Nimm es nicht persönlich, entschuldige dich und erkenne an, wenn du einen Fehler gemacht hast – wachse weiter.

Menschen vermitteln und empfangen Information auf unterschiedliche Weise. Manchmal tun sie es mit Wut, mit Liebe, mit Frustration, mit Traurigkeit, mit Freude oder mit einer Mischung all dieser Gefühle. Sei offen für unterschiedliche Haltungen (selbstverständlich nicht für Gewalt) und erkenne, dass sie aus persönlichen Lebenserfahrungen hervorgehen. Würdige die Gefühle anderer, so wie du deine eigenen Gefühle würdigen würdest. Vergiss nie, dass das Ziel darin besteht, unsere jeweilige Menschlichkeit anzuerkennen.

Lernen ist eine mächtige Form des Aktivismus, zu der jede einzelne Person fähig ist. Vielleicht wird dieses Buch Teil des Prozesses sein, vielleicht nicht. So oder so freue ich mich über deine Stärke und dein Interesse, weiter zu lernen.

Liebe Grüße,

Shaina

1.1 Mehr als zwei Geschlechter

Menschen wollen einander verstehen. Wenn wir mit einer anderen Person in Beziehung treten, können wir manchmal etwas über unseren eigenen winzigen Platz in dieser riesigen Welt lernen. Es ist also kein Wunder, dass uns das intensiv beschäftigt. Um es uns zu erleichtern, das eigene Menschsein zu verstehen, haben wir Schubladen geschaffen: Wenn du ____ bist, kreuze dieses Kästchen an; wenn du hingegen ____ bist, kreuze jenes Kästchen an. Dieses System beruft sich auf die Denkweise des »entweder oder«, denn es ist nicht erlaubt, beide Kästchen anzukreuzen. Ein weiteres Kästchen irgendwo dazwischen zu zeichnen, käme nicht in den Sinn und wäre unerhört. Dieses strenge System, diese Ordnung, wird als Binarität – als Zweiteilung – bezeichnet, weil es nur zwei Optionen gibt, zwischen denen wir uns entscheiden müssen.

Theoretisch hat eine Person, die in eine bestimmte Schublade gehört, bestimmte Eigenschaften zu erfüllen. Eine ____ Person ist anfällig für eine bestimmte Krankheit; eine ____ Person denkt auf dieses Weise; ____ Personen lieben ____ Personen. Diese vier Lücken beruhen auf einer Reihe gesellschaftlicher Vorannahmen, die als *soziale Konstruktionen* – als gesellschaftlich hergestellt – bezeichnet werden. Im Wesentlichen hat hier eine Gruppe von Menschen Entscheidungen darüber getroffen, wie eine Person sein sollte oder nicht sein sollte; und weil das für einige Leute in der Gesellschaft Vorteile brachte, stellten sie sicher, dass diese sozialen Konstruktionen in Kraft blieben. Im Ergebnis wird die Persönlichkeit und Identität von Menschen anhand dieser Kästchen bemessen und von ihnen geprägt, anstatt dass sie diese selbst formen (können).

Es ist logisch, dass ein einzelnes Kästchen nicht die Komplexität eines Menschen enthalten kann. Glücklicherweise zieht die Wissenschaft langsam nach und je mehr wir lernen, desto deutlicher wird, dass wir unendlich viele Kästchen brauchen würden, um Menschen darin zu erfassen. Um einander verstehen zu können, ist es tatsächlich am klügsten, wenn wir uns von der Vorstellung der Kästchen einfach komplett verabschieden. Die Forschung zeigt nicht nur, dass es kein ›normal‹ gibt, sondern dass die Starrheit dieses Systems verhindert, dass das lebendige Spektrum der menschlichen Existenz als solches wahrgenommen wird. Trotz der erdrückenden Beweislast beruhen angloeuropäische Gesellschaften auf diesen unangemessenen und vereinfachten Verallgemeinerungen. Sie verweigern sich weitgehend einer entsprechenden Verschiebung und haben vielleicht sogar ein bisschen Angst davor.

Diese Übervereinfachung durchzieht jeden Aspekt unseres Lebens. Eine besondere Rolle spielt sie in Bezug auf unser Geschlecht und unsere Sexualität. Je nachdem, welches Geschlecht einer Person zugewiesen wird, werden von ihr bestimmte Verhaltensweisen erwartet – von der Partner*innenwahl über sexuelle Praktiken bis hin zu Kleidung und Haarentfernung. Sogar wenn eine Person außerhalb dieser Schubladen lebt, ist es wahrscheinlich, dass die Welt sie weiterhin auf ein Stereotyp reduzieren will. Um uns von diesen Beschränkungen zu befreien, müssen wir diese Vereinfachungen zunächst verstehen: Wie sind sie entstanden und zu welchem Zweck wurden sie geschaffen?

Daher bietet ein Verständnis von Geschlecht – wie es bei der Geburt zugewiesen wird (engl. sex) und wie wir es leben (engl. gender) – sowie von sexueller Orientierung, von rassistischen Körpernormen usw. eine gute Grundlage, um nachvollziehen zu können, wie die gegenwärtige kulturelle Gemengelage entstanden ist. Diese Vorstellungen stellen aber weder die Zukunft noch unveränderliche Tatsachen dar.

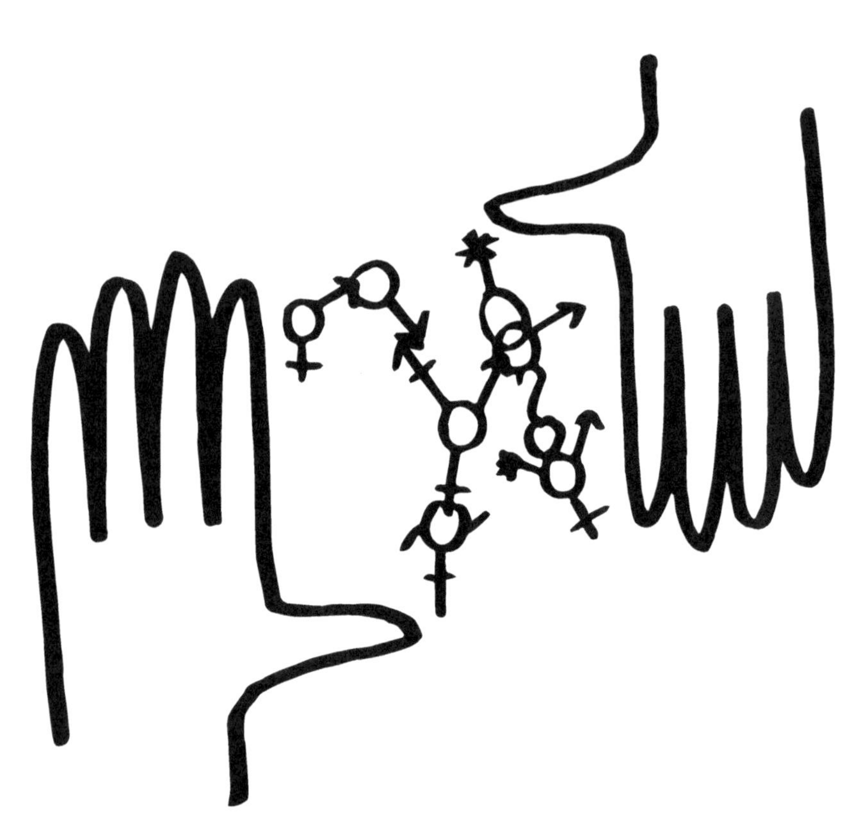

1.2 Geschlecht – sozial und biologisch?

In welchem Buch, das du gelesen hast, in welchem Film, den du gesehen hast, spielte Geschlecht keine Rolle für die Handlung? Ob in Sachtexten, Romanen, Dokumentar- oder Spielfilmen: Wir finden darin immer Spuren dieses Konzepts. So vieles in der – wenn nicht die gesamte – Geschichte der Menschheit wird entlang von Geschlecht erzählt. Die Theorien zum – ›biologischen‹ und sozialen – Geschlecht würden ein ganzes Bücherregal füllen, doch um es kurz zu halten, erklären wir hier im Schnelldurchlauf, wie wir zu unserem aktuellen Verständnis von Geschlecht gekommen sind. Vielleicht ist besonders interessant, wo wir es falsch verstanden haben.

Erinnere dich an deinen frühen Biologieunterricht. Da gab es vollkommene, nackte Personen, die zu vollkommen geformten Chromosomen passten. Das Konzept des *›biologischen Geschlechts‹*, das bei der Geburt zugewiesen wird, wurde fast immer als wissenschaftliche Tatsache dargestellt und somit als etwas Eindeutiges und Wahres verstanden. Wir lieben die Wissenschaft, weil sie uns vermeintlich genau das liefert: etwas Stabiles. Aber diese Stabilität kann auch zu einer Starrheit führen, in der wenig Raum für Entwicklung bleibt.

So wie die Wissenschaft sich von der Theorie, die Erde sei eine Scheibe, weiterentwickelt hat, haben sich auch Vorstellungen vom bei der Geburt zugewiesenen ›biologischen Geschlecht‹ weiterentwickelt. Traditionell wurde das ›biologische Geschlecht‹ – oder vielmehr, das bei der Geburt zugewiesene

Geschlecht – als etwas Objektives und Unveränderliches erachtet. Die Wörter »männlich« und »weiblich« wurden hier direkt in Bezug auf Genitalien und Chromosomen benutzt. Mittlerweile haben wir gelernt, dass diese anfänglichen Vorstellungen von Genitalien, Fortpflanzungsorganen und Chromosomen faktisch nicht richtig sind. Das ›biologische Geschlecht‹ ist ein Spektrum; es ist beweglich und es kann sich verändern. Das menschliche Denken wollte etwas vereinfachen, das die Natur aber eher als Mosaik entworfen hat.

Um die Beweglichkeit des bei der Geburt zugewiesenen Geschlechts zu verstehen, müssen wir ein bisschen tiefer in die Biologie eintauchen – insbesondere hinsichtlich der Frage, inwiefern Genitalien und Chromosomen unveränderlich und miteinander verknüpft sind.

Lasst uns mit den Genitalien beginnen. Wenn ein Mensch geboren wird, oder bereits bei vorgeburtlichen Ultraschalluntersuchungen, schaut sich die medizinische Fachkraft die Genitalien an und weist dem Kind ein ›biologisches Geschlecht‹ zu (deshalb sprechen wir auch vom bei der Geburt zugewiesenen Geschlecht): »männlich«, wenn es einen Penis hat; »weiblich«, wenn es eine Vagina hat; und *»intergeschlechtlich«*, wenn es so genannte »uneindeutige Genitalien« hat – ein Überbegriff, der für alle Genitalien genutzt wird, die außerhalb der begrenzten Definitionen der *westlichen* Medizin von ›männlichen‹ und ›weiblichen‹ Genitalien liegt. Hierin liegt das erste Problem: Es hat immer Menschen gegeben, deren Genitalien nicht zu den Konstrukten der *westlichen* Medizin passten. Viele Menschen werden mit inneren oder äußeren Genitalien aller möglichen Formen, Größen und Kombinationen geboren. Expert*innen schätzen, dass 1,7 Prozent der Menschen mit ›intergeschlechtlichen‹ Merkmalen geboren werden, was etwa dem Prozentsatz der Menschen entspricht, die mit rotem Haar zur Welt kommen.[1] Das ist eine enorme Zahl vollkommener Körper, denen nur zwei Optionen zur Auswahl gegeben wurden. Sie belegen die Notwendigkeit, die bisherigen Vorstellungen dessen zu hinterfragen, was einen ›männlichen‹ und/oder ›weiblichen‹ Körper ausmacht. Zudem sind die eindeutigen Vorstellungen von ›Penis‹ und ›Vagina‹ selbst Konstrukte. Die Genitalien eines jeden Menschen sind einzigartig – es gibt keine ›normale‹ oder durchschnittliche Form. Abgesehen von der unendlichen Bandbreite an Größen, Formen, Farben usw. hat jede Person das Recht, selbst frei zu benennen, was sie zwischen den Beinen hat – mit allen Wörtern, die dazu gewählt werden mögen. Was wie ein bloßer Akt der Zuweisung eines ›biologischen Geschlechts‹ eines Menschen erscheinen mag, ist jedoch eine folgenschwere Festlegung für das gesamte Leben dieser Person: Es beeinflusst beispielsweise, welche Chancen sie haben wird, wie sie von der Gesellschaft gesehen wird, wie sie medizinisch behandelt wird. Wenn es um so vieles geht, könnte man annehmen, dass die Zuweisung von Geschlecht ein genauer Prozess sei. Doch das Konzept der Zuweisung eines Geschlechts als männlich, weiblich oder intergeschlechtlich bezüglich bestimmter Genitalien ist keineswegs objektiv, denn innere und äußere Genitalien sind überaus vielfältig.

Doch was ist dann mit den Chromosomen? Auf die können wir uns doch sicherlich verlassen, um aus ihnen zwei fein säuberliche Schubladen abzuleiten? Vielleicht hast du in deinem Biologieschulbuch gelesen, dass 1923 das X- und das Y-Chromosom – bloß ein Haufen verschwommener Flecken in der Form von Kidneybohnen unter einem Mikroskop – entdeckt und als »Geschlechtschromosomen« bezeichnet wurden. Die grundlegendste Behauptung dieser Forschung war, dass Menschen, die XX-Chromosomen tragen, eine Vagina haben und Menschen, die XY-Chromosomen tragen, einen Penis haben. Ende der 1970er Jahre hatte die DNA-Revolution begonnen – im Vorlauf des Humangenomprojekts, das die Gesamtheit des menschlichen Genoms entschlüsseln wollte. Hierbei kamen weitere Forschungen zu dem Ergebnis, dass es viele Ausnahmen von der Theorie der zweiteiligen ›Geschlechtschromosomen‹ gibt. In Tests wurde gezeigt, dass es auch ›Frauen‹ gab, die XY-Chromosomen trugen, und Menschen mit Penis und Hoden, die XX-Chromosomen trugen – sowie eine endlose Zahl weiterer Kombinationen.

1990 wurde dann ein einzelnes Gen entdeckt, das nun tatsächlich für die Bestimmung der Genitalien verantwortlich sein sollte, die sich in einem Körper herausbilden. Das bedeutete, dass nicht das X- oder Y-Chromosom, sondern ein winziges Gen namens SRY auf dem Y-Chromosom das bestimmt, was als ›biologisches Geschlecht‹ bezeichnet wurde. Das SRY-Gen, oder die geschlechtsbestimmende Region auf dem Y-Protein, funktioniert wie ein Schalter, der die Erzeugung ›männlicher‹ Genitalien anregt. In ihrer frühen Entwicklung sind alle Föten ›weiblich‹, das ›Standard‹-Geschlecht eines jeden Menschen ist also ›weiblich‹. Wenn jedoch das SRY-Gen aktiviert ist, wird die Entwicklung der Hoden ausgelöst. SRY muss aktiviert sein, damit

›männliche‹ Genitalien entstehen können, aber wir verstehen noch immer nicht gänzlich, wie SRY aktiviert wird und welche Ereigniskette genau auf seine Aktivierung folgt, die zur Bildung von Hoden führt. Wir wissen aber, dass eine Person mit XY-Chromosomen, der das SRY-Gen fehlt, keine ›männlichen‹ Genitalien ausbildet, sondern ›weibliche‹.

2011 veröffentlichten Dr. David Zarkower und Dr. Vivian Bardwell in der Fachzeitschrift »Nature« eine Studie mit ziemlich verblüffenden Ergebnissen über ein weiteres Gen namens DMRT1, die Abkürzung für »Doublesex And Mab-3 Related Transcription Factor 1«.[2] Bei Menschen und anderen Tieren drückt sich dieses Gen in Form von Hoden aus. In Versuchen mit Labormäusen werden erstaunlicherweise die Hodenzellen zu Gebärmutterzellen, wenn das DMRT1-Gen entfernt wird. Im Wesentlichen hatten die Zellen ihr Geschlecht geändert und die zuvor ›männliche‹ Maus bildete nun Uterus-Zellen. Diese Gene, die in Mäusen, Menschen und vielen anderen Tieren zugegen sind, scheinen die Fähigkeit zu haben, das ›biologische Geschlecht‹ eines Wesens zu verändern, indem sie die Entwicklung der Gonadenzellen beeinflussen.

Entscheidend für ein Verständnis der Fluidität – der Veränderlichkeit – des ›biologischen Geschlechts‹ ist die Tatsache, dass wir alle unser Leben lang die SRY- und DMRT1-Gene in uns tragen und dass diese Gene entweder aktiviert (exprimiert) oder deaktiviert (supprimiert) werden können. Stellen wir uns die Gene zum Beispiel als ein Auto vor, dessen Motor läuft und das bergab steht. Entweder musst du den Fuß auf's Gas setzen (Genaktivierung und -expression) oder du trittst die Bremse (Geninaktivierung und -suppression). Wie beim Umgang mit dem Auto ist die Aktivierung oder Inaktivierung eines Gens ein aktiver Prozess; es gibt keinen Standardzustand. Wenn du den

Fuß von der Bremse nimmst, wird der Wagen losfahren und so ähnlich ist es mit einem Gen. Somit haben alle ›weiblichen‹ Tiere das SRY- und DMRT1-Gen, aber sie werden dauerhaft supprimiert. Hört die Suppression auf – wie wenn du den Fuß von der Bremse nimmst –, wird der Genausdruck ermöglicht. Das bedeutet, dass der Zustand des Gens immer offen für Veränderung ist. Im Falle von DMRT1 ist es bei ›Männern‹ aktiv und bei ›Frauen‹ supprimiert. Hinzu kommt die Tatsache, dass Gene üblicherweise nicht zu 0 oder zu 100 Prozent exprimiert werden, sondern irgendwo dazwischen, wodurch ein endloses Spektrum an ›biologischen Geschlechtern‹ bei Menschen entsteht.

Ich schreibe hier von diesen ganzen wissenschaftlichen Erkenntnissen, um festzustellen, dass Menschen immer die Fähigkeit in sich tragen, ihr ›biologisches Geschlecht‹ zu verändern; wir alle tragen in unserer biologischen Verfasstheit ein viel breiteres und komplexeres Spektrum als ›männlich‹ oder ›weiblich‹. Die Fähigkeit, das ›biologische Geschlecht‹, z.B. Genitalien, zu verändern, ist nicht einzigartig, sondern tatsächlich bei Hunderten von Tierarten auffindbar. Die Theorie von zwei Geschlechtern, der Zweigeschlechtlichkeit, hat noch nie Sinn ergeben, denn auf der grundlegendsten Ebene hat es immer körperliche Ausnahmen von dieser Regel gegeben. Mittlerweile ist die Wissenschaft weit genug fortgeschritten, um auf molekularer Ebene zu erkennen, dass das bei der Geburt zugewiesene Geschlecht nicht aus objektiven Kategorien hervorgeht, sondern vielmehr aus einer gesellschaftlichen Entscheidung darüber, wie Menschen aussehen und sich verhalten sollen.

Neben den Genitalien werden auch viele weitere Eigenschaften mit dem bei der Geburt zugewiesenen Geschlecht verknüpft. Von Frauen wurde aufgrund eines vermeintlich größeren Hippocampus – der Hirnregion, die für Emotionen und Sinne zuständig ist – angenommen, dass sie ein breiteres Gefühlsspektrum hätten und diese Gefühle besser ausdrücken könnten (d.h. Frauen seien emotionaler, weinten mehr, seien eifersüchtiger oder gehässiger). Eine Analyse von 76 publizierten Fachtexten mit einer Gesamtzahl von 6000 Testpersonen, die unter Leitung der Neurowissenschaftlerin Lise Eliot an der Rosalind Franklin University of Medicine and Science durchgeführt wurde, entlarvte diese Theorie und fand heraus, dass der Hippocampus bei Männern und Frauen gleich groß ist.[3] Ähnliche Forschung zu Hirnfunktionen haben immer wieder dasselbe herausgefunden: Es gibt keinen merklichen Unterschied zwischen den Gehirnen von Menschen, die nach dem ›biologischen Geschlecht‹ in Männer und Frauen eingeteilt werden. Eliot sagt in einer Pressemitteilung zu den Ergebnissen der Studie:

> »Geschlechtliche Unterschiede im Gehirn sind unwiderstehlich für jene, die stereotype Unterschiede zwischen Männern und Frauen nachweisen wollen. (…) Unsere Untersuchung verschiedener Datenreihen, wobei wir sehr große männliche und weibliche Testgruppen zusammenfügen können, ergibt, dass diese Unterschiede oft verschwinden oder gehaltlos sind.«[4]

Das heißt, Mathe, Naturwissenschaften, Kunst, Sport, Sprache, Logik, Mut, Leidenschaft, Freundschaft und alles andere, was unser Gehirn verarbeitet, sind nicht vom bei der Geburt zugewiesenen Geschlecht einer Person abhängig. Mit der Widerlegung der Theorie von tatsächlichen körperlichen Unterschieden im Gehirn ist die Erzählung davon, dass Männer und Frauen ›von Natur aus‹ zu bestimmten Verhaltensweisen neigen, ein

Märchen, das durch gesellschaftliche Erwartungen und Zwänge geschaffen und durchgesetzt wurde.

Wohin gehört nun die Frage der *Geschlechtsidentität*?

Auf Grundlage anglo-europäischer Definitionen wird das biologische Geschlecht (engl. sex) bei der Geburt zugewiesen und das soziale Geschlecht (engl. gender) als selbstbestimmter verstanden. Wir verstehen heute, dass die beiden eigentlich dasselbe sind. Beide beschreiben Menschen auf der Grundlage gesellschaftlicher Konstrukte.

Gender ist im Englischen sowohl ein Nomen als auch ein Verb. Als Verb, »*to gender*«, bedeutet es, einer Person oder einem Gegenstand männlich oder weiblich konzipierte Eigenschaften zuzuschreiben. Zum Beispiel, wenn du das falsche Pronomen [z.B. »er« oder »sie«] für eine Person benutzt (das ist nie in Ordnung!), hast du diese Person falsch gegendert, ihr das falsche Geschlecht zugeschrieben. Als Nomen bezeichnet Gender, wie eine jede Person sich geschlechtlich selbst definiert. Dein Geschlecht ist eine Identität, die im Verhältnis dazu steht, wie du dich selbst siehst und wie du von anderen gesehen werden möchtest. Geschlechtsidentitäten und die Möglichkeiten, wie wir sie ausdrücken, sind im wörtlichen Sinne unendlich, weil sie so vielfältig sind wie die Menschen selbst. Eine Person kann ein Mann oder eine Frau sein, sie kann sich jenseits der Zweigeschlechterordnung verorten oder das Geschlecht wechseln, sie kann Geschlechtervorstellungen erweitern, bewegen und untergraben, mehrere Geschlechter haben, Weiblichkeit zelebrieren und vieles mehr. Du kannst eine Geschlechtsidentität haben oder eine Million. Dein Geschlecht kann dein ganzes Leben lang gleich bleiben oder sich verändern.

Es folgt eine kurze Liste mit einigen Geschlechtsidentitäten. Da die englischsprachigen Bezeichnungen auch im deutschsprachigen Kontext recht weit verbreitet sind, orientiert sich die Liste an den englischen Begriffen. Darüber hinaus gibt es weltweit zahllose weitere Geschlechtsidentitäten, die alle – wie auch die hier gelisteten – in bestimmten Kontexten verortet sind und überall unterschiedlich gelebt werden.

gender expansive/wörtlich: Geschlecht erweiternd, hier: geschlechtlich nicht-konform Eine Person, die über die, in ihrer Gesellschaft vorausgesetzten, meist zweigeschlechtlichen, Konzepte von Geschlecht hinausweist, ihnen nicht entspricht. Unter diesen Menschen sind transgeschlechtliche, *nicht-binäre, gender queere, androgyne* Menschen sowie alle anderen, die die verallgemeinerten Vorstellungen von Zweigeschlechtlichkeit (Frau/Mann) erweitern.

gender queer Eine Person, die nicht einem bestimmten Geschlecht entspricht und damit Geschlechternormen überschreitet.

gender questioning/wörtlich: Geschlecht hinterfragend Eine Person, die auf dem Weg ist, ihr Geschlecht zu finden oder eine Person, die dauerhaft das Konzept von Geschlecht infrage stellt, die keinem bestimmten Geschlecht entspricht und/oder mit Geschlecht nichts zu tun haben will.

gender fluid/geschlechtlich veränderlich Eine Person, deren Geschlechtsidentität an eine Ebbe und Flut sozial konstruierter männlicher und weiblicher Eigenschaften erinnert. Ihr Geschlecht kann sich ständig ändern oder gleich bleiben. Eine geschlechtlich veränderliche Person beschränkt sich nicht auf die Zweiteilung von Frau und Mann.

nonbinary/nicht-binär, nichtbinär Eine Person, die sich außerhalb der Zweiteilung von Mann/Frau bewegt, die sich keiner der beiden gegenüberstehenden Geschlechteroptionen zugehörig fühlt.

transgender/transgeschlechtlich[5] **bzw. trans oder trans*** Eine Person, die ein anderes Geschlecht lebt, als ihr bei der Geburt zugewiesen wurde. Zum Beispiel wurde einer trans

Frau bei der Geburt das Geschlecht »männlich« zugewiesen, ihre Identität ist aber die einer Frau/weiblich. Beachte, dass Transgeschlechtlichkeit bzw. trans zu sein nichts mit der sexuellen Orientierung, also dem sexuellen Begehren, einer Person zu tun hat.

cisgender/cisgeschlechtlich bzw. cis Eine Person, die das Geschlecht lebt, das ihr bei der Geburt zugewiesen wurde. Zum Beispiel wurde einer cis Frau bei der Geburt das Geschlecht »weiblich« zugewiesen und ihre Identität ist die einer Frau/weiblich. Beachte, dass Cisgeschlechtlichkeit bzw. cis zu sein nichts mit der sexuellen Orientierung einer Person zu tun hat.

intersex/intergeschlechtlich bzw. inter oder inter* Es handelt sich um einen Überbegriff für Menschen, die mit einem Körper auf die Welt kommen, der Eigenschaften außerhalb der strengen Zweiteilung von männlich und weiblich aufweist. [Intergeschlechtliche Menschen können sich selbst als inter* identifizieren oder weibliche, männliche oder queere Geschlechtsidentitäten haben.]

Mann Eine Person, die typischerweise mit dem ›männlichen‹ Geschlecht verknüpft wird. Beachte: Sowohl trans als auch cis Männer können männlichen Geschlechts/Männer sein.

Frau Eine Person, die typischerweise mit dem ›weiblichen‹ Geschlecht verknüpft wird. Beachte: Sowohl trans als auch cis Frauen können weiblichen Geschlechts/Frauen sein.

Mehr als zwei Optionen der Geschlechtsidentität zu haben, ist weder ein vorübergehender Trend oder eine neue Mode noch ist es kompliziert. Jenseits *westlicher* anglo-europäischer Gesellschaften hat es immer mehr als zwei Geschlechter gegeben. In Südasien sind »Hijras« seit Jahrhunderten als drittes Geschlecht anerkannt. In Indigenen Gesellschaften Nordamerikas bilden »Two-Spirit«-Menschen eine eigene Geschlechtsidentität, die nicht mit den Geschlechterbezeichnungen für Mann und Frau verbunden ist. In den Zapotekischen Kulturen Oaxacas in Mexiko gibt es die »Muxe« (oder »Muxhe«), eine traditionelle und breit akzeptierte dritte Geschlechtsoption. Die »Leitis« in Tonga und die »Fa'afafine« in Samoa sind dritte Geschlechter im südpazifischen Kulturkreis. Darstellungen und Schriften auf antiker Töpferware zeugen schon 2000–1800 Jahre vor der christlichen Zeitrechnung von drei Geschlechtern. Angesichts der Komplexität von Menschen erscheint es sinnvoll, dass so viele Kulturen es nie für vernünftig hielten, alle Leute in nur zwei kleine Kategorien zu zwängen.

Während es stimmt, dass uns diese Kategorisierung potenziell helfen kann, einen kleinen Teil einer Person zu verstehen, stimmt es ebenso, dass diese Ordnung genutzt wurde und wird, um Menschen zu kontrollieren und zu diskriminieren. Das Konzept des bei der Geburt zugewiesenen Geschlechts ist besonders gefährlich, weil es als unveränderlich verstanden wird. Wenn eine Person bei der Geburt als ›männlich› ausgewiesen wird und später feststellt, dass sie ›weiblich‹ ist, ist die Wahrscheinlichkeit dennoch groß, dass sie ihr Leben lang von ihrem bei der Geburt zugewiesenen Geschlecht geplagt wird. Anstatt als Frau medizinische Versorgung zu erhalten, strafverfolgt zu werden oder die öffentliche Toilette zu nutzen, kann es sein, dass sie weiter als männlich wahrgenommen und behandelt wird. Das ist nicht nur diskriminierend, sondern in den meisten Fällen sogar gefährlich. Unsere sozialen, medizinischen und rechtlichen Systeme müssen dem Spektrum unserer Körper und unterschiedlichen Persönlichkeiten endlich gerecht werden, damit unser aller Wohlbefinden gewährleistet werden kann.

Die einzige Person, die entscheiden kann, ob du dich als männlich, weiblich, Mann, Frau, nicht-binär, gender queer, androgyn oder auf eine andere Art und Weise definierst, bist du selbst – in all deiner Schönheit und Vollkommenheit. Die Vorstellung, dass Menschen ›im falschen Körper geboren‹ sind, ist fehlleitend, denn es gibt keine richtigen oder falschen Körper. Wenn eine Person entscheidet, ihren Körper zu verändern oder ihn zu ergänzen, bedeutet das nicht, dass der Körper an sich richtig oder falsch ist. Beispielsweise entscheiden manche trans Menschen, ihren Körper zu verändern und andere entscheiden, das nicht zu tun (beide Entscheidungen gehen niemand anders etwas an!). Ob eine Person den Körper und die Genitalien behält, mit denen sie geboren ist, oder sich für eine chirurgische Veränderung entscheidet, nimmt oder gibt ihrem selbstbestimmten Geschlecht nicht mehr oder weniger Berechtigung. Wir alle verändern unser Äußeres, um uns mehr wie wir selbst zu fühlen: sei es durch Schminke, plastische Chirurgie, das Färben unserer Haare, eine Tätowierung, die Rasur, das Tragen von Strap-Ons oder von bestimmter Kleidung usw. Die Philosophin und Geschlechtertheoretikerin Judith Butler sagt in einem von Christan Williams geführten Interview:

> »Es ist immer mutig, auf Transformationen zu beharren, die sich notwendig anfühlen. Wir alle – als Körper – sind in der aktiven Position, herauszufinden, wie wir mit und gegen die Normen leben können, die uns formen (...). Jede Person

> sollte die Freiheit haben, den Lauf des eigenen vergeschlechtlichten Lebens zu bestimmen.«[6]

Während sich die Geschlechtsidentität bei manchen Menschen verändert und bei manchen nicht, ist es ein Gebot der Höflichkeit, Menschen mit ihrem richtigen Geschlecht anzusprechen und mit den richtigen Pronomen über sie zu sprechen. Das bedeutet, niemanden »Frau/Herr«, »sie/er«, »Lady«, »Mann« o.ä. zu nennen, bevor wir das gewünschte Pronomen der Person erfahren haben. Es ist einfacher und höflicher, eine Person nach ihrem Pronomen zu fragen als es zu erraten und vorauszusetzen. Ein einfaches, »Hallo, ich heiße ____ und mein/e Pronomen ist/sind ____ . Und du?« funktioniert prima, besonders wenn du mit den Ich-Botschaften beginnst. Wenn du eine Antwort erhalten hast, stehen diese Pronomen nicht zur Debatte, sondern sollten respektiert und immer benutzt werden. Eine Person hat auch jedes Recht, dir ihr/e Pronomen nicht mitzuteilen – sei es, weil sie sich nicht sicher fühlt oder weil es etwas ist, das sie eher im Privaten hält.

Wenn es dich stresst, das Geschlecht einer Person nicht zu kennen, ist das eine gute Gelegenheit, dich zu fragen, warum das so ist. Was soll dir das bei der Geburt zugewiesene Geschlecht oder die Geschlechtsidentität einer Person über ihre Persönlichkeit verraten? Was würde passieren, wenn das Kennenlernen nicht über vorgefertigte Annahmen und Konzepte von Geschlecht abliefe, sondern etwa anhand der Lieblingsfußballer*innen der Person, ihres politischen Engagements, ihrer phänomenalen Backkunst, ihrer unglaublichen Fähigkeiten im Kopfrechnen oder beim Schlagzeugspielen (oder auch anhand all dieser Dinge zusammen)? Ja, Geschlecht ist daran beteiligt, zu welcher Person wir werden, aber es muss keine wichtigere Information sein als andere. Und es muss keinen Einfluss oder Auswirkungen auf alle anderen Aspekte haben, die dich zu dem Menschen machen, der du bist.

1.3 Sexuelle Orientierungen

Das Geschlecht einer Person hat nichts mit ihrer sexuellen Orientierung zu tun. Aber: sexuelle Orientierung ist ebenso wie die Geschlechter unendlich vielfältig. Sexuelle Orientierung beschreibt, wen/was wir begehren, wer/was uns anmacht oder anzieht. Manche Menschen wissen schon früh im Leben, was ihre sexuellen Vorlieben sind; andere brauchen Zeit und probieren sich aus. Manchmal denken wir, wir wüssten alles über Sexualität – und dann zieht uns eine neue Erfahrung plötzlich die Schuhe aus. Daher wird Sexualität als veränderlich und nicht als statisch verstanden.

Es gibt keine ›Standard-‹ oder ›normale‹ sexuelle Orientierung. Stattdessen bestehen Sexualität und sexuelle Orientierung aus einer Ansammlung von Fantasien, Handlungen, Körpern, Sinnesempfindungen und vielen weiteren Aspekten, die wir aus allen möglichen Orten aufnehmen und sie stetig weiter überarbeiten. Jede Person hat ihre eigene einzigartige Sexualität, die nur durch Erkundung freigelegt werden kann. Es macht Spaß und ist gesund, regelmäßig darin einzutauchen, wer und was unsere Säfte fließen lässt. Unsere sexuelle Orientierung gehört nur uns selbst. Es steht weder der Kirche, noch Freund*innen, Eltern, Pornos, Sozialen Medien oder sonst irgendwem zu, darüber zu entscheiden, wen und was eine Person wann und wo sexy findet. Wir sind ständig umgeben von Werbung, Filmen, Liedern und Popkultur, die eine sehr spezifische (und häufig sehr beschränkte) Vorstellung dessen in unsere Köpfe hämmert, was sexy ist. Wie sähen deine Fantasien aus, wenn sie nicht schon so lange diesem Lärm ausgesetzt wären? Je tiefer wir graben, um herauszufinden, was uns wirklich anmacht, desto erfüllter wird unser Sexleben sein.

Es folgt eine abgekürzte Liste sexueller Orientierungen (denke daran, die Möglichkeiten sind unendlich!). Diese Definitionen beruhen auf verschiedenen Quellen und sind weder vollständig noch ausschließlich. Wie die Sexualität jeder Person sind auch die Konzepte von Sexualität veränderlich und entwickeln sich schnell; während die Mainstream-Kultur sich langsam über die Zweigeschlechterlogik hinauswagt, kommen regelmäßig neue Welten der Geschlechter und Sexualitäten hinzu.

asexuell Asexualität bezeichnet ein breites Spektrum an Menschen, die nicht sexuell begehren. Manche asexuelle Menschen spüren etwa nur ein sehr geringes oder gar kein sexuelles Begehren; manche wünschen sich romantische – aber keine sexuellen – Beziehungen; manche möchten gar keine Beziehungen usw. Viele asexuelle Menschen haben eine zweite Orientierung, die ihre romantischen Interessen beschreibt. Es gibt auch asexuelle Personen, die dennoch eine starke Libido haben, die sich aber nicht unbedingt auf andere Menschen bezieht. Asexualität fällt unter den Überbegriff queer und zeigt sich im A in LSBTIQA*.

bisexuell Eine Person, die sowohl von Menschen ihres Geschlechts als auch von Menschen anderer Geschlechter angezogen wird, könnte sich als bisexuell bezeichnen. Bisexuelle Menschen müssen sich nicht unbedingt gleichermaßen zu allen Begehrten sexuell und/oder romantisch hingezogen fühlen (z.B. kann eine bisexuelle Person vornehmlich Männer attraktiv finden). Bisexualität fällt unter den Überbegriff queer und zeigt sich im B in LSBTIQA*.

homosexuell Eine Person, die (im Rahmen der männlich/weiblich-Zweiteilung) vornehmlich von ihrem eigenen Geschlecht angezogen wird, könnte sich als homosexuell bezeichnen. Schwule und Lesben sind Homosexuelle. Ein Mann, der von anderen Männern sexuell angezogen wird, kann sich als Homosexueller bezeichnen – oder als Schwuler, als Mann, der Sex mit Männern hat, und/oder als Mann, der Männer liebt. Eine Frau, die von anderen Frauen angezogen wird, kann sich als Homosexuelle definieren – oder als Lesbe, als Frau, die Sex mit Frauen hat, und/oder als Frau, die Frauen liebt. Das Wort homosexuell erscheint heute ein wenig formal und medizinisch. Homosexualität fällt unter den Überbegriff queer.

heterosexuell Eine Person, die (im Rahmen der männlich/weiblich-Zweiteilung) vornehmlich vom anderen Geschlecht angezogen wird, kann sich als heterosexuell bezeichnen. Manche Leute sprechen im Plural auch von »Heten«.

Es gibt darüber hinaus Abwandlungen von Heterosexualität: Eine Person, die (im Rahmen der männlich/weiblich-Zweiteilung) primär vom anderen Geschlecht angezogen wird, aber manchmal Sex mit Menschen des gleichen Geschlechts oder mit Menschen außerhalb der Zweigeschlechtlichkeit hat, könnte sich auch als »heteroflexibel« oder »meistens hetero« bezeichnen.

queer Queer ist ein Sammelbegriff, der eine Bandbreite an Menschen bezeichnet, die nicht der heterosexuellen und cisgeschlechtlichen Norm entsprechen. Eine Person kann sich als queer verorten oder queer leben. Das Wort wird auch verwendet, um alle aus der LSBTIQA*-Gemeinschaft als queere Community zu bezeichnen. Als sexuelle Orientierung wird queer gezielt offen definiert, um darin so beweglich wie möglich zu bleiben. Menschen, die sich mit keiner der anderen definierten sexuellen Orientierungen identifizieren, können mit dem Wort queer auf unspezifische Weise über ihre sexuelle Orientierung sprechen. Queer zeigt sich im Q in LSBTIQA*.

schwul Ein Mann, der vornehmlich von Männern angezogen wird, könnte sich als schwul bezeichnen. Schwul fällt unter den Überbegriff queer und zeigt sich im S in LSBTIQA*.

lesbisch Eine Frau, die vornehmlich von Frauen angezogen wird, könnte sich als lesbisch bezeichnen. Lesbisch fällt unter den Überbegriff queer und zeigt sich im L in LSBTIQA*.

pansexuell Eine Person, die von allen möglichen Menschen sexuell angezogen wird, könnte sich als pansexuell bezeichnen. Das Begehren ist hier unabhängig von der Geschlechtsidentität oder dem geschlechtlichen Ausdruck der anderen Person, einschließlich solcher Menschen, die sich jenseits der Zweigeschlechtlichkeit bewegen oder androgyn sind. Pansexuelle Menschen können auch Menschen völlig unabhängig von deren Geschlecht attraktiv finden bzw. Geschlecht ist kein Faktor für ihr sexuelles Begehren. Pansexualität fällt unter den Überbegriff queer.

demisexuell Eine Person, deren sexuelles Begehren darauf beruht, emotional mit der anderen Person verbunden zu sein, könnte sich als demisexuell bezeichnen. Üblicherweise ist für diese Menschen irgendeine Art der romantischen Beziehung erforderlich, um eine andere Person sexuell attraktiv zu finden.

questioning/wörtlich: (hinter)fragend Eine Person, die sich über ihre sexuelle Orientierung nicht sicher ist und aktiv herauszufinden versucht, wo ihr Begehren liegt. Achtung: Das »(hinter)fragend« bezieht sich nicht darauf, eine Person über ihre sexuelle Orientierung zu befragen – das ist unangemessen. Questioning fällt unter den Überbegriff queer.

Der Satzteil »vornehmlich angezogen von« verdient besondere Aufmerksamkeit. Eine Person kann Sex mit Menschen eines Geschlechts haben, sich aber schließlich dazu entscheiden oder feststellen, dass diese Personen sie gar nicht anziehen, dass sie diese Personen nicht wirklich begehrt. Eine heterosexuelle Person, die gleichgeschlechtlichen Sex hatte, ist nicht automatisch homosexuell oder andersherum. Es ist ein übliches Vorgehen, etwas auszuprobieren, um herauszufinden, ob es etwas ist, das wir mögen oder nicht. Sex und/oder sexuelle Handlungen mit einer Person eines bestimmten Geschlechts auszuprobieren, bedeutet nicht, auf eine bestimmte sexuelle Orientierung festgelegt zu sein. Womöglich wird auch eine heterosexuelle Person von einem homosexuellen Porno angeregt; das macht sie nicht homosexuell – das Gleiche gilt andersherum. Auch innerhalb der beschränkenden Bezeichnungen der verschiedenen Sexualitäten gibt es viel Spielraum. Der allerwichtigste Punkt ist, dass jede Person selbst über ihre eigene sexuelle Orientierung entscheidet.

Wie bei der perfekten Jeans kann es sein, dass du eine sexuelle Orientierung anprobiert hast und sofort klar war, dass sie passt. Vielleicht bist du auch experimentierfreudig und nimmst aus unterschiedlichen Momenten etwas mit und vermischst es. Am besten schaffst du deine eigene persönliche sexuelle Orientierung, die maßgeschneidert zu jeder Drehung und Wendung deines lebhaften Selbst passt. Ob du nun heterosexuell, asexuell, homosexuell oder als androgyn-queere *Femme* mit Doc Martens, Lippenstift und einem Faible für Beyoncé unterwegs bist: Deine sexuelle Orientierung ist perfekt, genau wie sie ist. Menschen nehmen oft an, dass andere Menschen automatisch heterosexuell sind, sofern sie sich nicht ausdrücklich ›outen‹. Diese Voreingenommenheit sowie die Diskriminierung anderer sexueller Orientierungen beruhen auf der Vorstellung, dass sexuelle Anziehung zum ›gegensätzlichen Geschlecht‹ die Norm ist, und werden *Heterosexismus* genannt. Ob wir unsere sexuelle Orientierung von den Dächern rufen oder sie für uns behalten, ist eine persönliche Entscheidung. Wie und wann wir entscheiden, anderen von unserer sexuellen Orientierung zu erzählen, liegt an uns – nur an uns. Es ist nie okay, eine andere Person zu ›outen‹, es kann tatsächlich gefährlich für sie sein.

Sexuelle Orientierung kann ein heikles Thema sein und sollte entsprechend vorsichtig behandelt werden. Anstatt eine Person über ihre sexuelle Orientierung zu befragen, ist es am besten, die Person selbst das Thema aufbringen zu lassen, wann immer es sich für sie gut anfühlt. Dabei ist es nie angemessen, die sexuelle Identität, die eine Person mitgeteilt hat, infrage zu stellen. Vielleicht ist die Person zwar in einer heterosexuellen Beziehung, identifiziert sich aber als queer; oder sie hatte Dates, sieht sich aber als asexuell; oder sie hatte früher heterosexuelle Begegnungen, ist aber homosexuell; usw. Wenn Menschen miteinander über ihre sexuelle Identität sprechen, ist das eine Gelegenheit, zuzuhören und etwas Intimes von einer anderen Person zu erfahren. Doch am Ende des Tages ist die sexuelle Orientierung nur ein kleiner Bestandteil dessen, was uns als einzigartige Individuen ausmacht. Sie muss nicht unbedingt andere Aspekte unserer Persönlichkeit bestimmen.

1.4 Sex haben

Was ist Sex? Die Antwort auf diese Frage ist längst nicht so offensichtlich, wie es scheint. Sex ist jede konsensuelle – das heißt einvernehmliche, allseits gewollte – Handlung, den eine Person alleine oder mit anderen Menschen zusammen zur körperlichen und/oder emotionalen Lust und/oder Erregung durchführt. Richtig, jede konsensuelle Handlung. Sex ist nicht bloß Penis-in-Vagina-Penetration. Tatsächlich ist Sex überhaupt nicht auf Penetration beschränkt. Oralsex ist Sex und Sex allein oder gemeinsame Masturbation sind auch Sex. Einander anfassen, es in Klamotten treiben – alles Sex.

Im Gespräch, und gewiss in jeder romantischen Komödie, wird immer wieder angenommen, das Wort »Sex« bezeichne das Eindringen eines Penis in eine Vagina. Dieses Modell von Sex ist cis- und heteronormativ, weil es die Lust von heterosexuellen cis Männern ins Zentrum stellt. Cis- und heteronormativer Sex wird üblicherweise als ein Sprint zur Ziellinie verstanden; die Ziellinie ist die Penetration und der Orgasmus des Mannes. Trotz seiner kulturellen Dominanz schränkt Penis-in-Vagina-Sex das Vergnügen und die Lust aller Beteiligten erheblich ein. Laut der Forschung von Elisabeth Lloyd für ihr Buch »The Case of the Female Orgasm: Bias in the Science of Evolution« (dt. etwa: Der Fall des weiblichen Orgasmus: Voreingenommenheit in der Evolutionswissenschaft) kommen nur 25 Prozent der Frauen konsequent durch vaginalen Verkehr zum Orgasmus. Bezüglich Penetration als »durchschnittliche(m) sexuellen Akt« stellt sie fest:

> »Die Dauer eines durchschnittlichen sexuellen Akts ist 7,3 Minuten, doch ›erstaunliche‹ 43 Prozent solcher Akte sind nach 2 Minuten vorbei.«[7]

Glücklicherweise ist das bei Weitem nicht die einzige Möglichkeit, Sex zu haben. Zumal nicht alle einen Penis haben, ihren Penis benutzen möchten oder irgendwo in der Nähe eines Penis sein möchten.

Wie ist es dazu gekommen, dass sich die Mainstream-Sexkultur so stark auf die Lust von Männern fokussiert? Da wir in einem *patriarchalen* System leben – einem System, in dem Männer unverhältnismäßig viel Macht innehaben – verwundert es nicht, dass das auch beim Sex so ist. Dabei ist dieser Fokus auf die Penis-in-Vagina-Penetration auch für Männer nicht unbedingt von Vorteil. Tatsächlich nützt es Männern nichts, dass der ganze Leistungsdruck auf ihnen liegt, während Statistiken zu Penisgröße, Penetrationsdauer und dem Orgasmus von Frauen gegen sie sprechen. Sich aus den Beschränkungen der Penis-in-Vagina-Penetration zu lösen, eröffnet eine viel lustvollere Welt für alle.

Das Ziel von Sex ist immer, dass alle Beteiligten (eine Menge) Lust erfahren. Das muss nicht unbedingt ein Orgasmus sein. Egal welches Geschlecht die beteiligten Personen haben: die Lust einer Person sollte niemals über die Lust einer anderen gestellt werden. Sex ist nichts, was eine Person mit einer anderen Person macht, sondern eine Sammlung gemeinsamer Erfahrungen. Oralsex und andere Formen, die häufig als ›Vorspiel‹ gelten, sind keine Schritte auf dem Weg zur Penetration: sie sind selbst ganze Akte. Penetration und/oder Stoßbewegungen sind kein notwendiger Teil von Sex. Es ist ein lustvolles und lehrreiches Spiel, Penetration mal von der Speisekarte zu streichen und andere Möglichkeiten zu erkunden, einander Lust zu bereiten. Die Sexforscherin Shere Hite hat in ihrer bahnbrechenden Studie von 1976, dem »Hite Report«, Hunderte von cis Männern und Frauen zu ihrer Lust befragt und berichtet darüber, wie eine gleichberechtigte Penetrationserfahrung zwischen einem Mann und einer Frau aussehen würde:

> »Stoßbewegungen würden nicht, wie derzeit, als nötig erachtet (…) Es könnte mehr wechselseitiges Miteinander-Liegen und Genießen geben, Penis in Vagina, Vagina umschließt Penis, wobei der weibliche Orgasmus einen großen Teil der Stimulierung bietet, die für den männlichen Orgasmus nötig ist.«[8]

Der Gebrauch von Händen, Armen, Mündern, Vibratoren, Strap-Ons und anderen Objekten kann eine viel andauerndere sexuelle Lust ermöglichen, ohne dass ein einziges Körperteil ins Zentrum der Erfahrung gerückt wird. Spielzeug einzubeziehen und unsere Körper (mit Strap-Ons usw.) zu erweitern – was auch immer sich gut anfühlt –, kann eine willkommene Ergänzung einer sexuellen Erfahrung sein und sagt nichts über die sexuelle Leistungsfähigkeit einer Person aus. Wenn eine Person beim Sex einen Vibrator benutzen möchte, bedeutet das nicht, dass ihre Partner*in/nen auf irgendeine Weise nicht ausreichen.

Und nur weil eine Person ein bestimmtes Körperteil hat, bedeutet das nicht, dass sie es benutzen muss. Viele Menschen ziehen es vor, nicht in eine andere Person einzudringen, möchten nicht penetriert werden oder wollen an bestimmten Körperstellen nicht berührt werden o.ä.

Sex endet, wenn alle Beteiligten auf Grundlage ihrer eigenen, immer veränderlichen, Definition von Befriedigung und sexuellem Vergnügen erfüllt sind. Es gibt beim Sex keine Listen, die es abzuhaken gilt. Sex beginnt nicht an einem bestimmten Punkt und führt von dort linear zu einem anderen (wie langweilig wäre das denn?), um im Orgasmus zu enden. Während der Orgasmus ein toller Teil von Sex sein kann, ist er kein Höhepunkt, sondern die ganze Erfahrung ist köstlich. Ein Orgasmus kann Zeit erfordern, wiederholte Versuche, Experimentieren und Geduld. Vielleicht kommt ein Orgasmus schon nach 5 Sekunden, was nicht schlimm ist. Druck auf eine Person auszuüben, einen Orgasmus zu haben oder nicht zu haben, ist sicher kein Erfolgsrezept. Auch wenn Orgasmen nicht Teil deiner sexuellen Erfahrung sind, kann Sex voller wilder Lust sein. Diese Verantwortung, Lust zu schenken und zu empfangen, teilen alle Beteiligten miteinander – es gibt im Sex keinen passiven Part. Auch wenn es eine Person anmacht, sich zu unterwerfen, ist das eine aktiv getroffene Entscheidung.

Dieses einbeziehende queere Modell von Sex zeigt uns eine viel spannendere Ausgangslage von Sex als Ganzem. Sex beginnt bei Null, ohne Vorannahmen über irgendwelche Handlungen, die stattfinden werden. Jede Person bereist den einzigartigen Körper einer anderen auf der Grundlage von Fragen über deren persönliche Begehren und Wünsche und teilt zugleich die eigenen mit ihr. Es werden keine körperlichen oder emotionalen Vermutungen getroffen und nichts passiert, ohne dass die beteiligten Personen es wollen. Passiv zu sein oder etwas einfach geschehen – oder gar über sich ergehen – zu lassen, ist keine Option, weil es sich nicht gut anfühlt (außer in einer vereinbarten *BDSM*-Situation; BDSM ist die englische Abkürzung für »Bondage, Discipline, Dominance and Submission, Sadism and Masochism«, dt.: Fesseln, Disziplin, Dominanz und Unterwerfung, Sadismus und Masochismus).

Begehren ist eine aktive Erkundung; wechselseitige Lust wird Stück für Stück durch Austausch und gegenseitiges Fragen erreicht. Die Erfahrung endet, wenn die Lust und Befriedigung aller Beteiligten so erfüllt sind, wie sie es mögen und/oder eine Person keine Lust mehr empfindet und die Situation beenden möchte.

1.5 Zusammenfassung

Um die Konzepte von Geschlecht und sexueller Orientierung einfach zusammenfassen: Sie sind bei Weitem nicht leicht zu verstehen. Im Verlauf der Geschichte haben wir Menschen immer wieder in Schubladen gesteckt, wobei sich zeigte, dass das nicht funktioniert. Keine zwei oder gar mehr Personen, egal wie ähnlich sie sich sein mögen, erleben eine Identität auf exakt gleiche Weise. Die Schubladen ganz loszuwerden, ermöglicht es, dass andere uns so kennenlernen und uns dafür feiern, wer wir sind; und nicht dafür, wer wir nach einschränkenden Vorgaben sein sollen. Dean Spade schreibt dazu in seinem Essay »More Gender, More of the Time« (dt. etwa: Öfter mehr Geschlechter) von 2002:

> »Ich sehe mich nicht in einer der imaginären zwei Kategorien ›Mann/Frau‹ und ich begegne Menschen, mit denen ich Sex haben will, nicht mit diesen Kategorien im Kopf. Ich gebe mich einer Vorstellung von Geschlecht hin, in der es um immer veränderliche Schichten vergeschlechtlichter Eigenschaften und Wahrnehmungen geht, überhaupt nicht um zwei Pole, ein Kontinuum oder irgendwelche Schubladen. Versteht mich bitte nicht so, als würde ich fordern, es gäbe keine Bezeichnungen mehr. Ich liebe spezifische, genaue, anregende, erfinderische Verwendungen von Sprache, um Erfahrungen von Körpern und Sex stets neu zu beschreiben und neu zu bestimmen, anstelle von vereinfachten Begriffen,

> die Gespräche darüber beenden, wie heiß wir wirklich sind.«[9]

Es geht nicht darum, irgendetwas neu zu erfinden, sondern darum, unsere Sprache angemessener zu gebrauchen. Das heißt nicht, dass die Vorstellungen von ›Mann‹ und ›Frau‹ nicht existieren können, sondern dass jene, die sich von diesen Begriffen nicht vertreten fühlen, dieselbe Freiheit haben, sich mit ihren eigenen Worten zu definieren. Im Wesentlichen ist es eine Art: »Du machst deins und ich mache meins.« Denn das Geschlecht einer anderen Person hat mit niemandem etwas zu tun außer mit ihr. Auch Menschen, die sich selbst in den zwei Geschlechtern wiederfinden, können Menschen, die über die Zweigeschlechtlichkeit hinausweisen, unterstützen. Bei der Aktualisierung von Theorien und Einstellungen zu Geschlecht geht es nicht darum, irgendwem die Identität wegzunehmen, sondern darum, allen die Freiheit zu geben, ihr eigenes buntes Selbstporträt zu malen.

Platz für deine Notizen:

1.6 Körper und Privilegien

Denke mal über deinen Tag nach und darüber, wie sich dein Körper von einem Ort zum anderen bewegt hat. Denke an deine Interaktionen mit Menschen. Hat jemand kommentiert, wie du aussiehst? Dir gesagt, du solltest lächeln? Oder dich nach deinem Ausweis gefragt? Hat jemand angenommen, du hättest eine bestimmte Herkunft? Hat dir jemand das falsche Geschlecht zugeschrieben, falsche Pronomen verwendet? War es vielleicht aufgrund schlecht ausgebauter Infrastruktur unmöglich für dich, dahin zu kommen, wohin du musstest? Hast du dich in irgendeinem Moment nicht sicher gefühlt? Hattest du Schwierigkeiten, etwas Grundlegendes wie Wohnraum, Essen oder medizinische Versorgung zu bezahlen?

Wenn deine Antwort auf all diese Fragen Nein lautet, bewegst du dich wahrscheinlich recht leicht durch die Welt und erlebst nur wenige gesellschaftliche Einschränkungen. Wenn du nie anhalten und darüber nachdenken musstest, wie du und dein Körper sich durch die Welt, durch die Gesellschaft, bewegen, bist du wohl eine Person mit vielen Privilegien. Das Konzept des Privilegs wird nicht als persönlicher Angriff gegen irgendwen benutzt, sondern ist eine Möglichkeit, um Ungerechtigkeit zu verstehen.

Privilegien können als die Kehrseite von Unterdrückung verstanden werden. Oft ist es einfacher für Menschen, Unterdrückung zu erkennen als Privilegien. Unterdrückung kann als Kreislauf verstanden werden: Der Prozess beginnt mit verletzenden Vorstellungen (nämlich Stereotypen, Diskriminierung und Vorurteilen), die eine Gesellschaft von bestimmten Aspekten einer Person oder von bestimmten Identitäten von Menschen hat. Diese Vorstellungen schlagen sich dann in gesellschaftlichen Systemen nieder (nämlich in Institutionen), die sie ›rechtfertigen‹, reproduzieren und verfestigen. Diese Normalisierung führt nicht nur zur Akzeptanz jener verletzenden Vorstellungen, sondern befördert zugleich deren Aufrechterhaltung innerhalb der Gesellschaft. Dabei erfahren Menschen und ganze Bevölkerungsgruppen die Folgen von Stereotypen, Vorurteilen und Diskriminierung auf eine Weise, die ihre Freiheit einschränkt. Umgekehrt werden Menschen aufgrund von Privilegien, die auf gesellschaftlich hergestellten Gruppierungen und/oder Identitäten basieren, mit bestimmten Rechten und Vorteilen ausgestattet. Das Konzept des Privilegs hat der nordamerikanische Soziologe und Historiker W.E.B. Du Bois bereits Anfang des 20. Jahrhunderts erörtert. Ebenso wie Unterdrückung hängen die Privilegien einer Person davon ab, wie die Gesellschaft sie entlang von *Rassifizierung*, ethnisierter Herkunft, Geschlecht, Geschlechtsidentität, sexueller Orientierung, Religion, Befähigung und BeHinderung, Alter, Sprache oder Akzent, Klassenzugehörigkeit usw. eingruppiert. Diese Unterdrückungssysteme gewähren bestimmten gesellschaftlichen Positionen oder Identitäten bestimmte Freiheiten und Vorteile – Privilegien. In Abhängigkeit von ihren Identitäten erfährt jede Person ihre eigene Reihe von Privilegien – andere Privilegien fehlen ihr. Dabei geht es nicht um die Individuen selbst, sondern darum, wie sich Ungleichheitssysteme auf verschiedene Menschen und deren Identitäten unterschiedlich auswirken.

Nehmen wir etwa das Patriarchat. Es ist ein System, das so strukturiert ist, dass Männer im Vergleich zu Frauen und geschlechtlich nicht-konformen Menschen unverhältnismäßig viel Macht innehaben. Patriarchale Unterdrückung ist recht einfach zu erkennen: Ein patriarchales System gewährt allen, die kein Mann sind, vergleichsweise wenige gesellschaftliche, wirtschaftliche und rechtliche Freiheiten. Im Gegensatz dazu genießen Menschen, die als Männer identifiziert werden, im patriarchalen System mehr Privilegien. [Diese Form der Privilegierung bzw. Diskriminierung aufgrund des Geschlechts bezeichnet man auch als *Sexismus.*]

Sogar, wenn ein Mann nicht zur Unterdrückung von Frauen beitragen will, tut er das dennoch, indem er sich in einem System bewegt, das einem Mann mehr Privilegien schenkt – er also auch ohne sein aktives Zutun von den Vorteilen des Patriarchats profitiert. Da es die eine Seite der Münze nicht ohne die andere gibt, besteht die einzige Möglichkeit, um sicherzustellen, dass wir Unterdrückungssysteme nicht verstärken darin, Privilegien anzuerkennen und uns mit ihnen auseinanderzusetzen.

Das Patriarchat ist ein bekanntes – aber bei Weitem nicht das einzige – Unterdrückungssystem. Jede Gesellschaft umfasst ein komplexes Netz aus unterdrückenden Strukturen, die einander überlappen, überschneiden und miteinander verschränkt sind. Sie gewähren verschiedenen Positionen und Identitäten mehr oder weniger Privilegien. [Weitere Strukturen, die mit dem Patriarchat zusammenwirken, sind etwa der Kapitalismus, der Kolonialismus oder der Nationalismus.]

Lasst uns nun das vorherige Beispiel des Patriarchats genauer ansehen. Was geschieht, wenn wir die Kategorie ›Mann‹ genauer betrachten? Wie wirken sich Unterdrückungssysteme auf einen *weißen* Mann gegenüber einem nicht-*weißen* Mann aus? Oder auf einen trans Mann gegenüber einem cis Mann? Wir erkennen, dass *weiße*, heterosexuelle cis Männer die meisten Privilegien erhalten, weil sie am wenigsten Unterdrückung erfahren. Das bedeutet nicht, dass *weiße* heterosexuelle cis Männer nicht mit Herausforderungen konfrontiert sind; natürlich ist es möglich, diese Position oder Identität hinsichtlich BeHinderung, Klasse und Vorstellungen von ›richtiger‹ Männlichkeit usw. auseinanderzunehmen. Aber im Allgemeinen werden *weiße*, heterosexuelle cis Männer in fast jeder Situation, in der sie sich wiederfinden, als ›normal‹ erachtet. Wenn zum Beispiel jemand eine Person beschreibt, wird üblicherweise deren Rassifizierung, sexuelle Orientierung und Geschlechtsausdruck nicht erwähnt, sondern vorausgesetzt, wenn es sich um eine *weiße*, heterosexuelle cis Person handelt. Eine Person hingegen, die nicht in diese Identitätskategorien passt, wird üblicherweise zuerst anhand dieser Faktoren und den damit verbundenen Stereotypen beschrieben. Das liegt zum Teil daran, dass *weiße*, heterosexuelle cis Männer in Medien und Popkultur als ›Standard-‹ und ›normale‹ Person breit vertreten sind; wobei sie oft mit Macht verknüpft werden. Weil sie für den ›Standard‹ – für ›normal‹ – gehalten werden, erfahren *weiße*, heterosexuelle cis Männer viel weniger Diskriminierung oder Hinterfragung als andere Menschen. Alle außerhalb dieser begrenzten Identität werden als ›anders‹ von der Norm – als ›Andere‹ – betrachtet. Das Ergebnis dieses »Othering« – des ›zu Anderen gemacht werden‹ – all jener, die keine *weißen*, heterosexuellen cis Männer sind, zeigt sich in Statistiken zur Erwerbsarbeitsrate, zu Durchschnittseinkommen, Inhaftierung,[10] allgemeinem Sicherheitsgefühl usw. Und wir kratzen hier nur an der Oberfläche des Problems.

Lasst uns die Grundlagen des letzten Beispiels anschauen: Eine *weiße* cis Frau hat aufgrund von Unterdrückungssystemen durch ihr Geschlecht deutlich weniger Privilegien als ein *weißer* cis Mann. Von hier aus können wir auch erkennen, dass durch rassistische Unterdrückungssysteme *weiße* cis Frauen noch immer mehr Privilegien genießen und weniger Diskriminierung erfahren als nicht-*weiße* Frauen. Die nordamerikanische Feministin und Rassismuskritikerin Peggy McIntosh hat den Begriff der »*weißen* Privilegien« geprägt, um die spezifische Reihe an Bevorteilungen von Menschen zu bestimmen, die *weiß* positioniert sind. Reni Eddo-Lodge erklärt das Konzept in ihrem tollen Buch »Warum ich nicht länger mit Weißen über Hautfarbe spreche«:

> »Wenn ich über White Privilege spreche, meine ich nicht, dass Weiße es einfach haben, dass sie nie kämpfen mussten oder dass sie nie in Armut leben. White Privilege ist die Tatsache, dass deine Hautfarbe, wenn du weiß bist, den Verlauf deines Lebens mit großer Sicherheit positiv beeinflussen wird.«[11]

Eddo-Lodge zeigt auf, wie wichtig es ist, die Verschränkung von Unterdrückungssystemen zu verstehen, in diesem Fall Rassismus und Kapitalismus. Die Rassifizierung – die Platzierung in der rassistischen Hierarchie – kann eine enorme Auswirkung auf die Klassenzugehörigkeit einer Person und/oder die ihr zugeschriebene Klassenzugehörigkeit haben.

Je mehr wir uns mit sozialen Konstruktionen beschäftigen, desto deutlicher erkennen wir, wie Unterdrückungssysteme auf mehreren Ebenen miteinander verschränkt sind. Entsprechend der verschiedenen zugeschriebenen oder tatsächlichen Identitäten einer Person, bestimmen die wirkenden Unterdrückungssysteme zugleich die Privilegien und Benachteiligungen anderer Menschen. Cis Frauen haben deutlich mehr Privilegien als trans Frauen.[12] Trans Frauen of Color erfahren mehr – und häufiger tödliche – Gewalt und Diskriminierung als *weiße* trans Frauen.[13] Dies hat einen erheblichen Einfluss auf ihr Wohlbefinden und ihre Lebenserwartung.[14] Heterosexuelle Paare haben heterosexuelle Privilegien, weil sie weniger Diskriminierung erfahren und viel breiter repräsentiert sind als homosexuelle Paare. In vielen Ländern haben heterosexuelle Paare beispielsweise mehr Rechte bezüglich der Ehe und der Adoption von Kindern. In vielen Orten weltweit ist Homosexualität noch immer verboten. Verheiratete heterosexuelle Frauen haben mehr Privilegien als unverheiratete heterosexuelle Frauen, weil das Patriarchat Frauen aufwertet, die als ›ausgewählt‹ erachtet werden, und sie dafür belohnt, (zu) einem Mann (zu) gehören.

Einen Rollstuhl zu nutzen, blind oder gehörlos zu sein oder irgendeine andere Beeinträchtigung zu haben, macht es enorm schwierig, sich in der Welt zu bewegen, weil der Raum entlang der Bedürfnisse von Menschen ohne körperliche Einschränkungen gestaltet und gebaut ist. Im Englischen wird mit der Wendung »skinny privilege« noch auf die Vorteile schlanker Menschen hingewiesen; etwa steht ihnen mehr Mode zur Verfügung und sie werden als gesünder und attraktiver erachtet. Schönheitsprivilegien umfassen auf ähnliche Weise die Vorteile von Menschen, die anhand der sehr begrenzten patriarchalen Schönheitsideale als attraktiv gesehen werden. Und diese Liste kann immer weiter fortgeführt werden!

Wenn wir uns einmal bewusst sind, wie viele Privilegien es gibt, ist es wichtig, im Kopf zu behalten, dass sich nicht alle Privilegien gleichermaßen stark auswirken. Die Kategorien entlang von Rassismus und Kolonialismus, Kapitalismus und Migration, Armut und Geschlechtsidentität (hier besonders Menschen jenseits der Zweigeschlechternorm), sexuelle Orientierung und BeHinderung haben eine größere Auswirkung auf die Lebensqualität einer Person als beispielsweise die Privilegien der Ehe.

Wie schon erwähnt, ist es zwar einfacher, die Aspekte an deiner gesellschaftlichen Position und Identität zu erkennen, ›aufgrund‹ derer du von einem System unterdrückt wirst. Doch oft tragen wir zu anderen Unterdrückungen bei, ohne es überhaupt zu wissen. Leider ist unsere Einbindung in Systeme, die Privilegien gewähren, zugleich auch eine Teilnahme an der Unterdrückung anderer durch diese Systeme. Unterdrückungssysteme funktionieren so gut, weil Privilegien für jene, die sie genießen, unsichtbar sein können. Daher ist es umso wichtiger, zu verstehen, wie wir von systematischer Unterdrückung profitieren. Das erfordert die Analyse von und Auseinandersetzung mit schwierigen Wahrheiten. Wir erfahren eine Menge über unsere eigenen Verortungen und Identitäten, wenn wir aus erster Hand über die Erfahrungen von Menschen in anderen gesellschaftlichen Positionen und mit anderen Identitäten lesen, die andere Leben unter anderen Bedingungen führen. Den Erzählungen anderer zuzuhören, ohne sich selbst dadurch angegriffen zu fühlen, ist ein wichtiger Bestandteil im Lernen darüber, wie wir im komplexen Netz aus Unterdrückungsstrukturen positioniert sind. Es kann schwierig sein, anzuerkennen, wie wir – oft unwissentlich – zu Unterdrückung und zum Leiden anderer beitragen. Doch dieses Unwohlsein ist der einzige Weg, um anzufangen, nicht mehr daran teilzunehmen. Das rückblickende Nachdenken darüber, wie, wann und wo wir aufgrund von Teilen unserer

Identität – also unserer gesellschaftlichen Position im Rassismus, im Heterosexismus, im Kapitalismus usw. – ungerecht bevorteilt wurden, ermöglicht uns auch, über das Zuhören hinauszugehen und uns aktiv gegen diese Ungerechtigkeiten zu engagieren.

Die Arbeit endet nicht bei uns selbst, sondern wir können diese Konzepte mit Freund*innen, Familie, Bekannten und sogar Kolleg*innen weiter erkunden. Wenn wir unsere Familiengeschichten anschauen, erfahren wir, wie unsere Familien an Kolonisierung [und Faschismus] teilhatten und davon profitierten – oder, wie sie deren Opfer wurden. Hat deine Familie Wohlstand und Macht aus der Misshandlung anderer geschöpft? Wie wurde der Wohlstand weitergegeben? Diese Geschichten ans Licht zu bringen, lässt uns wahrlich besser verstehen, wie wir zu den Privilegien – oder deren Fehlen – in unseren jetzigen Leben gekommen sind. Je bewusster wir uns unserer Privilegien werden, desto einfacher wird es, sie in ihrer Vielzahl und ihrem Einfluss zu erkennen.

Privilegien spielen auch in Bezug auf Sex und sexuelle Orientierung eine Rolle, weil Machtunterschiede, die mit verschiedenen Identitäten verknüpft sind, auch in sexuelle Begegnungen hineingetragen werden. Ein Beispiel sind Frauen, die ihre Vergewaltiger identifizieren und strafrechtlich verfolgen, was keine leichte Aufgabe ist. Unser gegenwärtiges System schützt aktiv die Rechte von Männern gegenüber den Rechten von Frauen. Im Essay »Trial by Media: Black Female Lasciviousness and the Question of Consent« (dt. etwa: Prozessführung durch die Medien: Schwarze weibliche Laszivität und die Frage des Konsenses) von 2008 geht Samhita Mukhopadhyay auf die Abgründe des US-amerikanischen Justizsystems ein:

> »Die Berichterstattung in den Mainstream-Medien weist die Beweispflicht fast immer den Frauen zu, die beweisen müssen, dass eine Vergewaltigung – oder eine Reihe von Vergewaltigungen, Folter, sexuelle Versklavung oder jede andere gewaltsame Sexualstraftat, die Frauen erfahren – tatsächlich stattgefunden hat (während bei Einbrüchen oder anderen Falltypen der Fokus wahrscheinlicher darauf liegt, zu beweisen, wer die Straftat verübt hat, als darauf, zu beweisen, dass das Opfer tatsächlich beraubt wurde).«[15]

Teil der Macht dieses Systems ist, dass der Identität ›Mann‹ das Privileg verliehen wird, durch eine Art Vertrauensbonus im Zweifelsfall aufgrund fehlender Beweise freigesprochen zu werden – auch entgegen jeder Wahrscheinlichkeit. Das Ergebnis dieses unbegründeten Vertrauens ist, dass Frauen selbst für die Gewalt verantwortlich gemacht werden, die sie erfahren.

> »Sie hat es provoziert.«, »Hatte sie getrunken?«, »Was hatte sie an?«, »Sie hätte so spät nicht mehr draußen sein sollen.«, »Was erwartet sie denn bei ihrem Job?«, »Wie war ihr Sexleben?«, »Warum hat sie sich nicht gewehrt?«, »Warum ist sie nicht einfach gegangen?«, »Mit wie vielen Menschen hatte sie schon Sex?«, »Sie hätte nicht mit ihm nach oben gehen sollen.«, »Ich habe sie vorher mit ihm flirten sehen.«, »Sie schäkert immer erst und lässt die Männer dann abblitzen.«, »Sie feiert ständig.« usw.

Die Gesellschaft sieht viel schneller eine Frau in der Schuld für den Angriff als die Person, die eigentlich die Tat begangen hat.

Nun müssen wir noch ansprechen, wie dieses Privilegiensystem mit anderen verschränkt ist. Diese Ungerechtigkeit wird nämlich noch verstärkt, wenn eine Frau nicht *weiß* ist [und/oder kein Geld hat und/oder sich in einer anderweitig benachteiligten gesellschaftlichen Position befindet]. Mukhopadhyay weist auf die Tatsache hin, dass »angesichts der Geschichte der Versklavung und Unterdrückung, die Körper aller Schwarzen Frauen als Objekte und Eigentum betrachtet wurden – und ich würde argumentieren, dass das noch immer so ist«.[16] Unter den Gesetzen des Kapitalismus können die ›Besitzer‹ von Eigentum damit tun, was sie wollen – auch, wenn ein Körper als Eigentum erachtet wird. Vergewaltigung anzuzeigen ist nicht nur schwierig, es ist oft sogar unmöglich, weil Vergewaltigung durch Konzepte des Eigentums legitimiert wird. Darüber schreibt Mukhopadhyay:

> »Die Vergewaltigung einer Frau of Color schafft es kaum auf die Titelseite einer nationalen Zeitung. Wenn doch, werden darin die gefährlichen Mythen aufrecht erhalten, die dem Opfer die Schuld zuweisen (...) etwa das Konzept, dass die Überlebende ›nuttig gekleidet war‹ oder ›es provoziert hat‹; und sogar der Mythos, dass Sexarbeiterinnen oder Frauen of Color nicht vergewaltigt werden könnten, weil sie hypersexuell seien und ihre Körper immer frei verfügbar.«[17]

Im Patriarchat dürfen *weiße*, heterosexuelle cis Männer viele Dinge einfach bloß, weil sie als *weiße*, heterosexuelle cis Männer identifiziert werden. Es kann sein, dass dies – bewusst oder unbewusst – direkt in das Gefühl übersetzt wird, die Körper und Lust anderer Menschen zu besitzen (und kontrollieren zu können). Dieses Denkmuster ist nicht auf Männer beschränkt. Im Patriarchat wird uns allen vermittelt, dass manche Identitäten wertvoller sind als andere. Daher wird die Lust einer ›wertvolleren‹ Identität auf Kosten der Verletzung und/oder Vergewaltigung jener Menschen mit weniger ›Wert‹ erlangt. Für die letzteren wird das dann als der Preis für die Position erachtet, in die sie in diesem ungerechten System hineingeboren wurden.

Die Art, wie Körper sich in einer sexuellen Erfahrung zusammen bewegen, ist nicht davon getrennt, wie Körper sich durch die Gesellschaft bewegen. Das Private ist immer politisch, das Sexuelle ist Teil des Gesellschaftlichen. Politischer Druck, Stereotype und Hierarchien verfolgen uns alle bis ins Schlafzimmer. Sich dieser Machtsysteme und unserem Beitrag darin bewusst zu sein, ist eine starke Grundlagenarbeit, um sie abzubauen. Über Privilegien zu lernen, ist ein weiterer Teil der Auseinandersetzung mit der eigenen Identität (und gesellschaftlichen Position). Ähnlich wie dein Wissen über dein Geschlecht, deine sexuelle Orientierung und Begehren, ist es ein Puzzle-Stück, das zu einem vollständigen Blick auf uns dazugehört.

2 Anleitung zu sexuellem Konsens

2.1 Stell' dir vor

Stell' dir vor: Du hörst mit einer anderen Person Musik. Du sagst, wie sehr du ein bestimmtes Lied magst; sagen wir »Sussudio« von Phil Collins. Mitten in der Nacht kommt nun diese Person in dein Zimmer gestürzt und spielt laut »Sussudio« ab. Du fragst, was das soll, und die Antwort lautet in etwa: »Aber du hast doch vorhin/letztens gesagt, dass du das Lied magst. Also dachte ich, dass du es immer magst, zu jeder Zeit.«

Oder stell' dir Folgendes vor: Du fragst eine Person spät am Abend, ob sie einen frisch gepressten Saft trinken möchte. Während du sorgfältig die Orangen auswählst, sie aufschneidest und auspresst, bemerkst du, dass die Person eingeschlafen ist. Oder sie trinkt etwas vom Saft, möchte aber nicht das ganze Glas leeren. Dann forderst du nicht ein, dass die Person aufwacht, um den Saft zu trinken, oder dass sie den Saft komplett austrinkt, oder?

Ersetzen wir nun »Sussudio« und »Saft« mit Sex. Dann sehen die Situationen ein bisschen anders aus. Eine Person nicht zu etwas zu zwingen, sei es das Anhören eines Phil-Collins-Songs oder das Trinken eines Orangensafts, gehört einfach zu unseren erlernten sozialen Fähigkeiten, die wir benötigen, um in der Gesellschaft zu existieren. Warum ist es also nicht selbstverständlich, die gleiche Höflichkeit an den Tag zu legen, wenn es um Sex geht?

Ist dir eine der folgenden Situationen vertraut?

»Wir waren in einem Club und tanzten zusammen. Dann spürte ich die Hände der anderen Person auf meinem ganzen Körper. Als ich sie wegschob, kamen sie sofort zurück. Ich wollte so nicht angefasst werden, eigentlich wollte ich gar nicht angefasst werden.«

»Mitten beim Sex nahm er das Kondom ab und schob sich gleich wieder in mich hinein, ohne zu fragen, ob ich mit ungeschütztem Sex einverstanden war.«

»Er fragte mich, ob ich ihm einen blasen wollte und ich sagte ›Nein‹. Er fragte immer wieder und bat mich darum. Er hörte nicht auf zu fragen, bis ich schließlich nachgab und es tat.«

»Wir lagen nackt zusammen auf dem Bett und küssten uns. Ohne zu fragen, schob sie plötzlich ihre Finger in mich hinein.«

»Ich war betrunken und schlief schon ein, als er begann, mich anzufassen. Ich versuchte, die Hände wegzuschieben, aber ich war zu betrunken. Er hatte Sex mit mir.«

»Wir hatten vaginalen Sex, aber plötzlich hörte die andere Person damit auf und wollte mich anal penetrieren, ohne mich vorher zu fragen.«

»Sie griff nach meinen Händen und legte sie auf ihren Körper.«

»Bei einem Konzert kam dieser Mensch auf mich zu, griff nach meinem Gesicht und küsste mich auf den Mund.«

»Ich war auf Drogen und fühlte mich desorientiert. Die Person brachte mich nach draußen zum Auto und fing an, mich zu küssen und anzufassen.«

»Erst war ich damit einverstanden, angefasst zu werden. Aber dann wollte ich nicht mehr und wollte, dass die Person aufhörte. Aber sie hörte nicht auf.«

»Ich habe meiner*m Partner*in ein Nacktfoto von mir geschickt und sie*er hat es ihren*seinen Freund*innen gezeigt.«

Alle können von einer Situation erzählen, in der fehlende Kommunikation zu einer sexuellen Erfahrung geführt hat, die irritierend, unerwünscht oder sogar ungewollt war. Vielleicht hast du etwas mitgemacht, weil du dich unter Druck gesetzt gefühlt hast, weiterzumachen; vielleicht warst du dir unsicher über die wahren Gefühle der Person, weil sie sehr betrunken war; vielleicht hast du nach Jahren des gemeinsamen Sex' angenommen, dass es total okay wäre, eine andere Stellung oder Praktik auszuprobieren, ohne zu fragen. Die meisten dieser Fehlkommunikationen passieren, weil Menschen Vorannahmen treffen. Anstatt zu fragen (aus Scham, Unkenntnis, Fehlen der richtigen Worte usw.), mutmaßen wir über die Begehren und Wünsche einer anderen Person.

> »Wenn die Person mich so oder so anschaut, so oder so spricht oder so viel mit mir trinkt, dann muss das bedeuten, dass ____ .«

Dieses Ratespiel ist wie eine Ankunft in einer neuen Stadt, bei der du dich weigerst, eine Karte zu benutzen und stattdessen auf das Glück hoffst, eine bestimmte Straße zu finden, indem du bloß herumläufst. Eine Vorannahme zu treffen, ist wie Würfeln mit unendlichen Möglichkeiten: Die Wahrscheinlichkeit ist wirklich nicht auf deiner Seite. Die Folge von Vorannahmen ist nicht nur, dass du falsch rätst, sondern dass du einer anderen Person die Freiheit nimmst, über ihren eigenen Körper zu entscheiden. *Persönliche Selbstbestimmung* ist die Fähigkeit, dich frei im Leben zu bewegen, ohne dass andere dich oder deine Freiheiten antasten. Idealerweise hat jede Person die Autonomie, selbst zu entscheiden, mit wem, wie, wann und wo sie mit anderen Menschen in Kontakt ist. Es geht nicht so sehr darum, dass dein Körper dir selbst ›gehört‹, weil das Wort impliziert, dass eine Person Eigentum ist – und wir alle wissen, dass Menschen kein Besitz sind. Stattdessen erfordert Selbstbestimmung, dass Menschen selbst entscheiden können und nicht andere das aufgrund von Vorannahmen tun.

Wenn es um Vorannahmen geht, sind heterosexuelle cis PartnerInnen im Nachteil. Irgendwie wurde die unsinnige Lüge verbreitet, dass eine gute sexuelle PartnerInnenschaft nicht auf guter Kommunikationsfähigkeit beruht, sondern auf der Fähigkeit zur Telepathie. Merkwürdigerweise sind Vorannahmen auch zum ultimativen Maß von Romantik geworden. Jede Sexszene zwischen heterosexuellen cis PartnerInnen im Film beinhaltet, dass Menschen auf magische Weise genau wissen, wie sie einander anfassen sollen, ohne ein einziges Wort zu sagen. Diese Szenen strotzen dermaßen von Vorannahmen, dass es keinen Platz für die Wirklichkeit gibt. Heterosexuelle cis Paare erleben zudem den Nachteil der Vorannahme, dass bestimmte Körperteile immer auf eine bestimmte Weise eingesetzt werden. Es ist nicht überraschend, dass Menschen glauben, Penis-in-Vagina-Penetration sei das Endziel einer jeden sexuellen Begegnung, nachdem sie unzählige Darstellungen davon gesehen haben. Es gibt keinen Grund, warum irgendwer – unabhängig von der eigenen sexuellen Orientierung – an der Unbeholfenheit der hetero- und cisnormativen Sexkultur als Standard festhalten sollte. Wenn in diesem hetero- und cisnormativen Rahmen von Sexualität die meisten Vorannahmen getroffen werden, dann ist es sinnvoll, diese Kultur zu überwinden. Vorannahmen in sexuellen Situationen bedeuten mindestens, dass Menschen mögliche Freuden verpassen. Schwerwiegender ist, dass Vorannahmen zu Gewalt führen können; dazu, dass eine Person etwas erlebt, das sie physisch und/oder seelisch verletzt.

Die gute Nachricht ist, dass es eine Möglichkeit gibt, die einvernehmliche Grundlage zu schaffen, dass alle an einem sexuellen Akt Beteiligten freiwillig und mit Lust mitmachen: Diese Grundlage heißt »Konsens«.

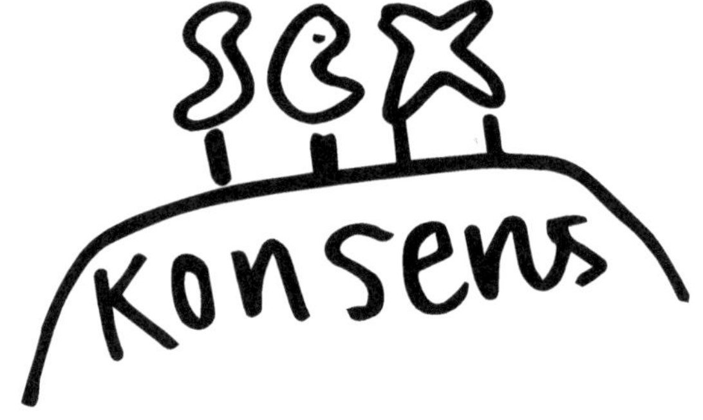

Platz für deine Notizen:

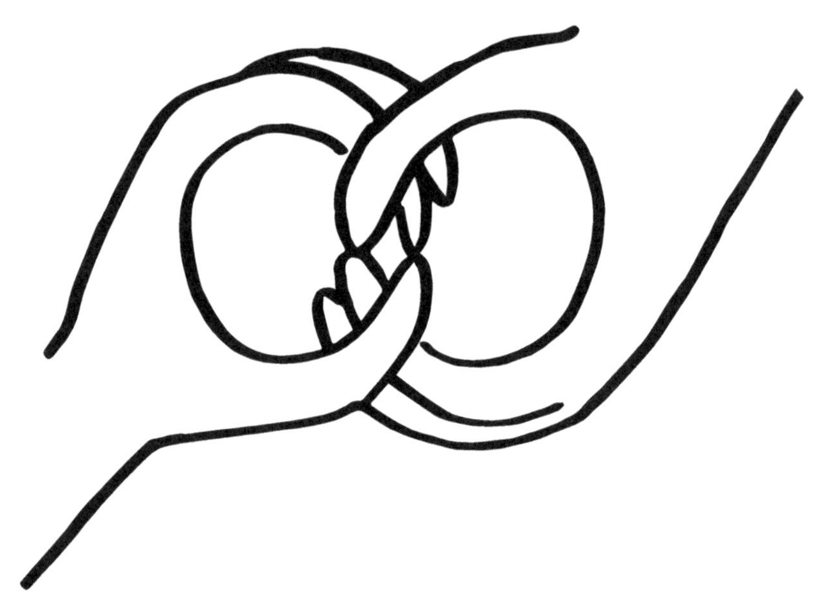

2.2 Was ist Konsens?

Der Begriff Konsens kommt vom lateinischen Wort »consensus«, was wechselseitiges Einverständnis oder Zustimmung – also Einvernehmen – bedeutet. Wenn wir dieses Konzept auf Sex anwenden, ergibt es sexuellen Konsens – und dann einvernehmlichen Sex. Sexueller Konsens wird als mündlich geäußerte Zustimmung und Einverständnis definiert, an einem sexuellen Akt oder einer sexuellen Situation teilzunehmen. In bestimmten Fällen, wenn eine Person andere Hör-, Sprech- und/oder körperliche Fähigkeiten hat, kann auch nonverbale Zustimmung Konsens herstellen. Solches nicht-lautsprachliches Einvernehmen kann durch vorher bestimmte Hand- oder andere Körpergesten (wie das Fallenlassen eines Taschentuchs oder das Gebärden eines bestimmten Worts) oder auch unter Verwendung von Stift und Papier, Handy, anderen elektronischen Geräten zum Schreiben oder durch Gebärdensprache hergestellt werden.

Die Zustimmung muss von allen Beteiligten eingeholt werden, ohne dass dabei Zwang, Nötigung, Bedrohung oder irgendeine Art von körperlicher oder emotionaler Bedrängung stattfindet. In diesem Text wird das Wort »Konsens« oft gemeinsam mit dem Wort »enthusiastisch« oder »engagiert« gebraucht, um die Idee zu betonen, dass wahrer sexueller Konsens immer mit Enthusiasmus zum Ausdruck gebracht wird . Diese »engagierte Zustimmung« oder ein »lustvolles Ja« bedeutet, dass alle wirklich, wirklich, wirklich mitmachen wollen. Durch Konsens lässt sich feststellen, ob alle Beteiligten in dem Moment auf glückliche, gesunde und bewusste Weise Sex wollen. Denn das Gegenteil von glücklichem, gesundem und bewusstem Sex ist nie akzeptabel und häufig sogar gefährlich.

Ähnlich wie Konsens die Fähigkeit anleitet, das Begehren einer Person zu verstehen, hilft es auch zu bestimmen, was Missbrauch ausmacht bzw. was übergriffig ist. Konsens bietet uns eine klare Definition von Vergewaltigung: Vergewaltigung ist jeder Sex oder sexuelle Akt, dem eine Person nicht mit freiem Willen engagiert zugestimmt hat. Einfach gesagt: Nicht-einvernehmlicher Sex ist Vergewaltigung. Eine Person zu nötigen oder sie ihrer Fähigkeit zu berauben, einem sexuellen Akt zuzustimmen, ist Vergewaltigung. Jede Art der Berührung ohne Einvernehmen ist übergriffig. Der Akt der Vergewaltigung ist körperlich und emotional gewalttätig; das bedeutet aber nicht, dass es einen körperlichen Angriff oder körperlichen Kampf geben muss, damit es sich um eine Vergewaltigung handelt. Alle Fälle von Vergewaltigung und anderen sexuell gewalttätigen Situationen sind verschieden – doch es gibt keine Vergewaltigung, die »nicht so schlimm« ist. Diese Setzungen sind notwendig, weil wir mithilfe einer eindeutigen Definition von Vergewaltigung die Unklarheit darüber auflösen, was eine Vergewaltigung ist und was nicht. Zugleich wird damit der Fokus darauf verschoben, ein gesellschaftliches und rechtliches System zu schaffen, das die Ursachen dieser Gewalt abbaut.

Verschiedene Länder weltweit gehen in ihrer Gesetzgebung zu Vergewaltigung und sexuellem Missbrauch unterschiedlich mit Konsens um. Fast jedes Land bestimmt ein konsensfähiges Alter: ein Mindestalter, das erforderlich ist, damit eine Person rechtskräftig zustimmen kann, an einem sexuellen Akt teilzunehmen. [In Deutschland gelten Jugendliche ab einem Alter von 14 Jahren als »sexuell mündig«.] In Spanien wurde das rechtliche Mindestalter für sexuellen Konsens 2005 von 13 auf 16 Jahre angehoben. Das bedeutet, dass eine Person unter 16 Jahren nicht legal Sex zustimmen kann. In der europäischen Union liegt das Mindestalter je nach Land zwischen 14 und 18 Jahren. In südamerikanischen Ländern liegt es zwischen 13 und 18 Jahren. In Brasilien ist das Mindestalter [wie in Deutschland] auf 14 Jahre festgelegt. Das bedeutet, dass eine erwachsene Person nicht behaupten kann, sie habe einvernehmlichen Sex mit einer Person unter 14 Jahren gehabt. In Paraguay ist das Mindestalter für heterosexuelle Begegnungen 14 Jahre und für homosexuelle Begegnungen 16 Jahre. In einigen Ländern variiert das Mindestalter für Konsens von Bundesstaat zu Bundesstaat, wie in Mexiko oder den USA. Je nach Gesetzgebung der dortigen lokalen Regierungen liegt das Alter bei 16 bis 18 Jahren. In den Vereinigten Arabischen Emiraten, im Jemen, in Saudi Arabien, Katar, Pakistan, im Iran, in Afghanistan und anderen Ländern, die die Scharia in ihr Rechtssystem einbeziehen, gibt es kein konsensfähiges Mindestalter, weil eine Person verheiratet sein muss, um legal Sex zu haben. Das legale Mindestalter für Ehen, also das ›heiratsfähige Alter‹, unterscheidet sich von Land zu

Land und ist abhängig vom bei der Geburt zugewiesenen Geschlecht einer Person. Im Iran ist das rechtliche Mindestalter für die Ehe beispielsweise 13 Jahre für Mädchen und 15 Jahre für Jungen. In Chile müssen sowohl Mann als auch Frau mindestens 16 Jahre alt sein (und die Erlaubnis der Eltern haben). In Saudi Arabien und in 18 Bundesstaaten der USA gibt es kein Mindestalter.

Neben dem Alter haben manche Länder ihre juristisch Praxis weitergeführt und spezifische Gesetze dazu geschaffen, was einvernehmlichen Sex rechtlich ausmacht. Diese Gesetze erfordern ausdrückliche verbale oder körperliche Zustimmung, bevor ein sexueller Akt begonnen wird. Schweden, Island, England, Irland, Wales, Schottland, Nordirland, Zypern, Belgien und Deutschland sind westeuropäische Länder, die solche »Ja heißt Ja«-Gesetze verabschiedet haben: Die Gesetzgebung erkennt an, dass nicht-einvernehmlicher Sex Vergewaltigung ist. Die Idee ist, dass für die Verurteilung einer Person die Opfer (meist Frauen) hier nicht vor Gericht beweisen müssen, dass Gewalt, die Androhung von Gewalt oder Missbrauch stattgefunden hat – sondern ›nur‹, dass keine Zustimmung gegeben wurde.

Das Rechtssystem ist eine Möglichkeit zu versuchen, einvernehmlichen Sex durchzusetzen. Doch durch die Mängel und Diskriminierungen, die Rechtssystemen innewohnen, ist diese Lösung unvollständig. Der Blick auf Gefängnisstatistiken weltweit verrät, dass bestimmte Bevölkerungsgruppen eher inhaftiert und verurteilt werden als andere: Menschen, die Rassismus erfahren (People of Color), werden viel häufiger inhaftiert als *weiße* Menschen. Das gleiche gilt für Menschen aus der Arbeiter*innenklasse gegenüber jenen aus Mittel- und Oberschicht. So berichtet etwa das Institute for Criminal Policy Research (dt.: Institut für kriminalpolitische Forschung) 2017 in der Studie »Prison: Evidence of its use and over-use from around the world« (dt. etwa: Gefängnisse – Belege für ihre Nutzung und Übernutzung weltweit):

> »Rom*nja machen etwa 40% von Ungarns Gefängnisinsass*innen aus, obwohl sie nur 6% der nationalen Bevölkerung darstellen; und Indigene Bevölkerungsgruppen in Australien stellen 27% der erwachsenen Inhaftierten, obwohl sie nur 2% der erwachsenen Australier*innen sind.«[18]

People of Color werden auch eher für Straftaten angeklagt und verurteilt, die sie nicht begangen haben. Laut dem Bericht »Race and Wrongful Convictions in the United States« des National Registry of Exonerations (dt.: Bundesregister für rechtliche Entlastungen) von 2017

> »ist eine Schwarze Person, die für sexuelle Nötigung einsitzt, dreieinhalb Mal so wahrscheinlich unschuldig, wie eine weiße Person, die dasselbe Strafmaß für dieselbe Straftat erhalten hat.«[19]

Zudem gibt es viele Menschen außerhalb des Rechtssystems, wie Immigrierte, die nicht vom Gesetz geschützt werden oder aufgrund ihres eigenen gesetzlichen Status im Rechtssystem keine Gerechtigkeit einklagen können. Des Weiteren zeichnen vorherrschende Medien in *westlichen* Ländern häufig nicht-*weiße* und/oder immigrierte Männer als Bösewichte und stereotypisieren sie als Vergewaltiger, die nur darauf warten, sich einer *weißen* und/oder ›einheimischen‹ Frau zu bemächtigen. Michelle Chen schreibt in ihrem Essay »Bodies Against Borders« (dt. etwa: Körper gegen Grenzen) pointiert:

> »Die ritterliche Anklage gegen immigrierte Männer hat jedoch weniger mit Tatsachen oder mit dem Schutz der Würde europäischer Frauen zu tun als mit der Verstärkung des kulturellen Patriarchats, die sie unterfüttert.«[20]

Wir wissen auch, dass im Gefängnissystem selbst häufig Vergewaltigungen stattfinden. Wenn heterosexuelle cis Männer verurteilt werden und ins Gefängnis müssen, bleibt zudem die Last, ihre Familie zu versorgen, oftmals bei ihren Partnerinnen, Kindern und/oder anderen Familienmitgliedern.

Eine klare Gesetzgebung, die Konsens umfasst, ist ein notwendiger Teil eines jeden rechtlichen Rahmens zu Vergewaltigung. Noch mehr Menschen einzusperren, sei es in Gefängnissen oder durch den Bau von Mauern und Grenzen, ist dennoch nicht die Lösung für das Problem der Vergewaltigung. Ganz im Gegenteil wird das Ausmaß von sexualisierter Gewalt durch Gefängnisse, Grenzen, Zäune, Checkpoints usw. erhöht, da durch sie Gewalt im Allgemeinen zunimmt. So berichtet Chen:

> »Hilfsorganisationen schätzten im Jahr 2014, dass 80 Prozent der Frauen und Mädchen bei der Durchreise durch den

> riesigen kontrollierten Korridor entlang der Grenze zwischen Mexiko und den USA vergewaltigt wurden.«[21]

Der Staat als Institution muss anerkennen, wie wichtig sexuelles Einvernehmen ist, und das muss sich im Gesetz widerspiegeln. Insgesamt muss das Konzept des sexuellen Konsenses ganzheitlich, also als Teil der Kultur, angenommen werden, damit es funktionieren kann. Wir können die Moralvorstellungen der Gesellschaft verändern, indem wir Konsens in unserem Alltag praktizieren und uns weigern, etwas Nicht-Einvernehmliches zu akzeptieren. Die Gesetzgebung wird keine andere Wahl haben, als dem zu folgen.

Wie kann sexueller Konsens in unserem Alltag aussehen?

Im Wesentlichen geht es darum, Zustimmung einzuholen, anstatt eigenen Vorannahmen zu folgen. Anstatt etwas vorauszusetzen, gewährt eine Praxis des Konsenses der anderen Person die volle Selbstbestimmung, für sich selbst Entscheidungen zu treffen. Es gibt im Einvernehmen kein Raten. Es ist ausdrücklich, engagiert und klar. Während das Gedankenlesen eine unzuverlässige und ungeprüfte Fähigkeit ist, bietet Konsens eine einfache und sichere Möglichkeit, Begehren zu kommunizieren. Konsens stellt sicher, dass die sexuelle Erfahrung allen Beteiligten das größtmögliche Vergnügen bereitet.

Sexuelles Einvernehmen dreht sich weniger darum, »Ja« oder »Nein« zu sexuellen Akten zu sagen, sondern darum, aktiv herauszufinden, was einer Person die schönsten Gefühle bereitet und aktiv mitzuteilen, womit du dich am wohlsten fühlst. Im Konsens gibt es keine Passivität. Alles, was keine engagierte Zustimmung ist, kann nicht als Konsens verstanden werden.

Sexueller Konsens ist kein einmaliger, statischer Zustand, der für immer währt, sondern ein fließender Prozess, der sich ständig verändern kann und das auch tut. Ein Ja kann in jedem Moment zu einem Nein werden: vor, während oder nach einer sexuellen Interaktion. Die einzige Möglichkeit, wirklich sicher zu sein, dass eine sexuelle Erfahrung einvernehmlich ist, liegt darin, dies stets neu zu bestätigen. Das bedeutet, einander immer wieder Einvernehmen zurückzumelden und bei der anderen Person einzuholen sowie eine gemeinsame Sprache und Praxis des Konsenses zu entwickeln. Anstatt um Erlaubnis zu fragen, ist Konsens vielmehr eine aktive Kommunikation, die immer wieder erneuert wird und als Grundlage dient.

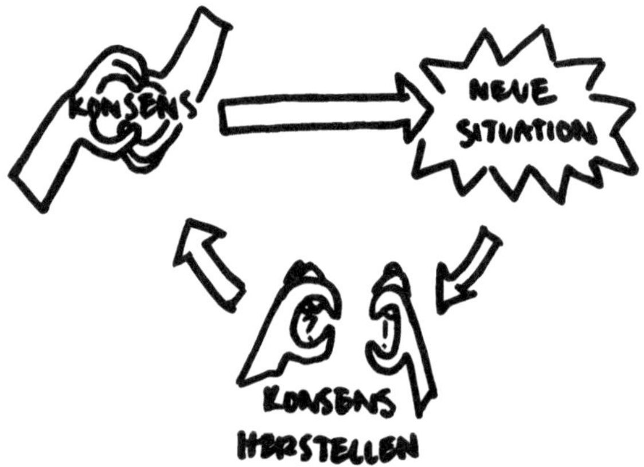

Die Zustimmung, sich in eine möglicherweise sexuelle Situation zu begeben – etwa nachts zu einem letzten Getränk mit einer anderen Person in deren Wohnung zu gehen –, bedeutet keinerlei Zustimmung zu einem sexuellen Akt oder zu irgendeiner Berührung. Eine Sache zu bejahen bedeutet nie, automatisch auch einer anderen Handlung zuzustimmen. Es gibt kein

Einverständnis, das als bestehende Tatsache festzuhalten wäre. Manchmal hat eine Person zu etwas »Ja« gesagt und merkt dann, während sie schon mittendrin ist, dass sie es nicht genießt – und zieht ihre Zustimmung zurück. Manchmal merkt sie erst danach, welcher Schaden ihr dabei widerfahren ist. Schock, Angst und Druck können es im Moment selbst unmöglich machen, »Nein« zu sagen. Sogar, wenn alle Beteiligten einen Orgasmus hatten, bedeutet das nicht, dass sie nicht rückblickend erkennen können, dass sie etwas verletzt hat. Deshalb ist es immer möglich, in jedem Moment unser Einverständnis zurückzuziehen: nicht nur während, sondern auch nach einer sexuellen Erfahrung. Jede sexuelle Begegnung erfordert daher als notwendige Fortsetzung eine Art *sexuelle Nachsorge*: danach miteinander ins Gespräch kommen und sich vergewissern, ob es der/den andere/n Person/en gut geht, das Einvernehmen wiederholen, emotionale und/oder körperliche Unterstützung anbieten und Rückmeldungen bekommen.

Für die weitere Auseinandersetzung mit Konsens begreife ich Einvernehmen als überaus sexy. Denn es ist ein direkter Weg, Begehren zu erkennen und auszuleben. Darin liegt eine absolute Wahrheit. Wichtiger ist aber, dass Konsens die Grundlage für Sex ist, ein absolutes Muss, ein Standard und ein Ausgangspunkt. Einvernehmen ist nicht verhandelbar.

2.3 Wer sollte Konsens einholen?

Es ist wichtig, dass in allen Beziehungen und auf allen Ebenen des sexuellen Spiels Zustimmung eingeholt wird: zum Küssen, Berühren und Eindringen gleichermaßen. Egal, ob es sich um eine Begegnung für eine Nacht oder um deine*n Partner*in seit 43 Jahren handelt; ob ihr verheiratet oder unverheiratet seid; die Begegnung bezahlt oder unbezahlt ist: Konsens kann nie als selbstverständlich vorausgesetzt oder vergessen werden. Sich im seit Jahrzehnten geteilten Bett hinzudrehen und von einer*m uninteressierten Partner*in zu erwarten, deine Bedürfnisse zu erfüllen, ist kein einvernehmlicher Sex. Nach einer wilden Nacht des einvernehmlichen Sexes aufzuwachen und davon auszugehen, dass die andere Person das an diesem Morgen fortsetzen möchte, ist kein einvernehmlicher Sex.

Geist und Körper von Menschen verändern sich ständig und damit auch ihr Begehren. Deshalb muss sich auch Konsens ständig verändern können. Unsere Begehren, als wir 16 Jahre alt waren, unterscheiden sich von jenen mit 55; unsere Begehren um 9 Uhr morgens sind anders als jene um Viertel nach 9. Was sich damals gut angefühlt hat, fühlt sich womöglich jetzt nicht gut an – oder andersherum. Einvernehmen entwickelt sich mit einer Beziehung, egal ob diese Beziehung nur eine Stunde dauert oder ein Jahrzehnt. Ein One-Night-Stand muss nicht weniger bedeutsam oder legitim sein als eine langanhaltende Beziehung. Einige erfolgreiche Beziehungen sind von kurzer Dauer, manche von langer und andere irgendwo dazwischen. Was eine erfolgreiche Beziehung ist, wird nicht durch deren Dauer definiert, sondern ist davon gekennzeichnet, ob die beteiligten Personen es genossen haben, miteinander Zeit zu verbringen, und sich gegenseitig gutgetan haben.

Unabhängig von der Art der Beziehung, die Menschen miteinander eingehen, gewährt eine Beziehung niemals Besitz über irgendeinen Teil der anderen Person/en. Schon die Vorstellung, dass dir der Körper einer anderen Person zum Anfassen usw. zur Verfügung steht, dass er dir gehört, überschreitet die Grenze zum Missbrauch. Anzunehmen, dass du irgendetwas mit dem Körper einer anderen Person tun kannst, ohne sie zu fragen, beraubt sie ihrer Selbstbestimmung und macht sie zu einem Objekt, dass ›benutzt‹ werden kann. *Verobjektivierung* – eine Person als Gegenstand oder Sache zu behandeln – entmenschlicht diese Person und ermöglicht es, Gewalt gegen sie anzuwenden, ohne darüber nachzudenken, was das mit ihr macht. Wenn wir eine Person nicht länger als unseren Mitmenschen sehen, dann wird ihre Verletzung zu etwas Ähnlichem wie das Kaputtmachen eines Stuhls oder irgendeines anderen Gegenstands.

Konsens verstärkt die Idee der Selbstbestimmung und verhindert nicht nur unvergnügliche, sondern auch potenziell gewaltvolle Begegnungen.

2.4 Warum brauchen wir Konsens?

Nicht-einvernehmlicher Sex gehört leider zu unserem Alltag. Der Weltgesundheitsorganisation zufolge wird

> »eine von drei Frauen weltweit in ihrem Leben körperliche oder sexualisierte Gewalt von einem Partner oder sexualisierte Gewalt von einem Nicht-Partner erfahren.«[22]

Diese Zahlen beruhen nur auf gemeldeter sexualisierter Gewalt. Viele Vergewaltigungen werden aufgrund der Stigmatisierung von sexualisierter Gewalt jedoch gar nicht gemeldet. Überlebende von Vergewaltigungen fürchten die Folgen einer Meldung: verfolgt oder persönlich angegriffen zu werden, dass ihnen nicht geglaubt wird und/oder andere negative Auswirkungen. Der Prozess, eine Vergewaltigung anzuzeigen, ist an sich schon schwierig: Er überschreitet körperliche und emotionale Grenzen der betroffenen Person. Vielen Frauen fehlen die erforderlichen Ressourcen, um Vergewaltigung anzuzeigen – wie etwa Sprachkenntnisse, der Zugang zu Gesundheitsversorgung, ein legaler Aufenthaltsstatus usw. In manchen Ländern gibt es kein System, in dem Vergewaltigungen gemeldet werden können. In manchen gilt Vergewaltigung nicht als Straftat und an verschiedenen Orten gelten verschiedene Definitionen von Vergewaltigung. All dies verzerrt die Information darüber, wie verbreitet Vergewaltigungen tatsächlich sind. Dennoch zeigen die verfügbaren Informationen bereits deutlich, dass Vergewaltigungen und sexualisierte Gewalt weltweit sehr stark verbreitet sind.

Nehmen wir Europa als Beispiel. Der Agentur der Europäischen Union für Grundrechte (European Union Agency for Fundamental Rights, folgend: FRA) zufolge hat eine von drei europäischen Frauen über 15 Jahren körperliche und/oder sexuelle Gewalt erlebt. Stell' dir vor, eine von drei Personen wäre durch Trinkwasser vergiftet worden. Wir würden erwarten, dass die Regierung unmittelbar handelt, nicht wahr? Politiker*innen aller Fraktionen müssten das Ziel verfolgen, das Trinkwasser zu reinigen. Es müsste ernsthafte Untersuchungen der Ursache der Wasservergiftung geben. Die Regierung müsste zweifellos die notwendigen Mittel für Infrastruktur und Aufklärung einsetzen, um das Problem sofort zu beheben. Es gäbe Streiks und tägliche Demonstrationen, bis das Trinkwasser sicher wäre. Das Problem würde nicht bloß als Notfall der einen von drei Personen erachtet, die vergiftet wurde, sondern als eine allgemeine Gesundheitskrise.

Die globale Krise der Vergewaltigung ist ein ebensolcher Notfall. Die Leben von Frauen und geschlechtlich nicht-konformen Personen sind ebenso akut in Gefahr wie die Menschlichkeit von Männern. Was hält uns also auf?

Wie in jeder gesundheitlichen Notlage, reichen die Auswirkungen weit über den Akt der Vergewaltigung hinaus. Frauen, die sexualisierte Gewalt erfahren, sind 1,5 Mal gefährdeter, sich mit HIV anzustecken als jene, die keine sexualisierte Gewalt erfahren haben.[23] Sexueller Missbrauch durch Partner verdoppelt das Risiko für Depressionen und Alkoholmissbrauch sowie bei cis Frauen das Risiko für Schwangerschaftsabbrüche.[24] In der EU-weiten Umfrage der FRA berichtet beinahe eine von fünf Frauen, dass sie bereits gestalkt wurde; eine von zehn Frauen wurde in den Sozialen Medien unangemessen kontaktiert oder hat ohne ihre Einwilligung sexualisierte Emails oder Textnachrichten erhalten. Etwa die Hälfte der befragten Frauen berichtet, bestimmte Orte aufgrund der Furcht um ihre eigene Sicherheit zu meiden.[25]

Frauen kennen die Angst davor, vergewaltigt zu werden. Das Gefühl, allein nach Hause zu laufen und gesagt zu bekommen, man solle einen Schlüsselbund in der Hand behalten; nicht ohne andere unterwegs sein; nicht im Dunkeln draußen sein; zügig gehen; immer auf die Umgebung achten. Diese Furcht beeinflusst, wie Frauen denken und was Frauen kontinuierlich tun – nicht nur nach Einbruch der Dunkelheit. Frauen leben mit dieser Angst – ihr Leben lang. Verschiedene Frauen erleben sie in unterschiedlichem Ausmaß, aber alle tragen diese Furcht mit sich, vergewaltigt zu werden oder sexualisierte Übergriffe zu erleben. Deshalb verstehe ich Vergewaltigung als eine Art Terror. Wie kann es sein, dass wir keinen weltweiten Notstand ausgerufen haben, einen globalen Kampf gegen einen solchen Terrorismus? Wir müssen diese Frage so vielen Menschen wie möglich unterbreiten, sie so laut wie möglich und immer wieder stellen.

Vergewaltigung ist so tief in unserer Kultur verankert, dass sie als ein ›normaler‹ und ›unvermeidlicher‹ gesellschaftlicher

Bestandteil ignoriert wird. Neben persönlichen Erfahrungen und den Erfahrungen von Freundinnen* und anderen Menschen aus der Familie, ist Vergewaltigung ein gewöhnlicher Bestandteil von Filmen, Nachrichten, Büchern, Witzen usw. Frauen werden als Trophäe dargestellt, die es entweder zu nehmen oder zu gewinnen gilt – mit allen erforderlichen Mitteln. Je schwieriger eine Frau zu haben ist, desto ›besser‹ ist sie. Stalking, Nötigung und Belästigung werden als heldenhaft dargestellt und als Beweis für ›wahre Liebe‹ romantisiert. Oft sind Frauen die Trophäen von Männern, die sie wie Accessoires am Arm tragen und als Objekte behandeln, so als wären sie eine Halskette oder ein paar Schuhe. Wenn diese Objekte nicht länger als wertvoll erachtet werden, werden sie weggeworfen. In diesem Denksystem hat eine Frau, die nicht von Männern begehrt wird oder die Männer nicht begehrt, keinen Wert. Der einzige Zweck einer Frau ist es, das romantische und/oder sexuelle Interesse eines Mannes zu wecken, was allen unterschiedlichen Arten von Frauen ihrer Menschlichkeit beraubt.

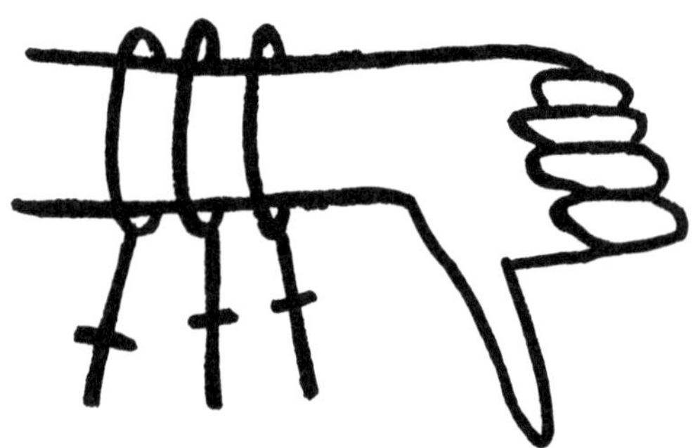

Die Disney-Version des Kindermärchens »Die Schöne und das Biest« ist ein perfektes und schlimmes Beispiel hierfür. Erstens muss die Protagonistin Belle zwischen zwei Verehrern auswählen, die beide auf ihre Weise gewaltvoll handeln, um sich ihr zu nähern. Gaston wird als Bösewicht, aber auch als ›männlichster‹ Mann im Ort inszeniert. Er fasst ungefragt Frauen an und belästigt sie – sie schwelgen dafür in Bewunderung für ihn. Währenddessen ergießt er sich in Aussagen wie: »Es ist nicht richtig, wenn eine Frau liest. Dann kommt sie auf Ideen und fängt an zu denken.« Belles zweiter Verehrer ist ihr Entführer, das Biest, der sie in seinem Schloss gefangen hält. Ihre Freund*innen, diverse sprechende Haushaltsgegenstände, die auch gefangen gehalten werden, weisen sie nicht nur an, die missbräuchliche Situation zu akzeptieren, sondern zu versuchen, unter der Gefährdung ihres eigenen Lebens das Biest zu ›retten‹. Ihr Wert als Frau wird daran bemessen, wie sie die Übergriffe gegen sich erträgt, sie wird als ›stark‹ und ›liebevoll‹ dargestellt, weil sie ihr eigenes körperliches und emotionales Wohlbefinden vergisst, um die menschliche Seite des Biests hervorzuholen. Nachdem sie fern von ihrem Zuhause und ihrer Familie gefangen gehalten wurde, wird sie schließlich damit belohnt, dass sie durch die Eheschließung mit dem Biest nicht mehr dessen Raubgut ist, sondern zu seinem legalen Eigentum wird. Sie nimmt seinen Heiratsantrag freudig an. Die Handlungen des Biests gelten von nun an als Beweis seiner ›Stärke‹ und gehören zu den Gründen für Belles Liebe und Hingabe. Die Moral von der Geschichte ist, dass der Mann ein ›Biest‹ ist, wodurch all seine Gewalt zu entschuldigen ist. Doch wenn eine Frau diesen Missbrauch lange genug erträgt und alles tut, um den Mann zu heilen, dann könnte er sich eines Tages verändern. Das ist hier nicht Reggaeton oder Rap, Porno, ein Videospiel oder eine romantische Komödie für Erwachsene, sondern ein beliebter Cartoon auf der Grundlage eines französischen Märchens, der Kindern etwas über die Liebe vermitteln soll.

Der Begriff der Vergewaltigungskultur (häufig auch engl. rape culture) wurde in den 1970er Jahren entwickelt, um diese spezifische Sexualisierung von Gewalt und Terror zu benennen. Das Women's Center der Marshall Universität definiert Vergewaltigungskultur als

> »eine Umgebung, in der Vergewaltigung verbreitet ist, und in der sexualisierte Gewalt gegen Frauen durch Medien und Popkultur normalisiert und entschuldigt wird. Vergewaltigungskultur wird verstärkt durch den Gebrauch von frauenfeindlicher Sprache, durch die Verobjektivierung der Körper von Frauen und die Verklärung von sexualisierter Gewalt, wodurch eine Gesellschaft geschaffen wird, die die Rechte von Frauen missachtet.«[26]

Auf der Grundlage dieser Definition sowie von Statistiken ist es nicht zu verleugnen, dass wir in einer Vergewaltigungskultur leben. Der Begriff Vergewaltigungskultur hilft uns, zu benennen, was wir bereits wussten: Vergewaltigung ist nicht bloß eine Handlung, sie ist eine Institution, die durch stetige Propaganda aufrechterhalten wird. Daher schreibt Mayer in ihrem Essay »Floccinaucinihilipilification« (dt. Geringschätzung):

> »Vergewaltigung war und ist ein kultureller und politischer Akt: Er soll eine handlungsfähige, selbstbestimmte und zugehörige Person entfernen, sie von ihrer Gemeinschaft absondern und trennen, ihren Körper entpolitisieren, indem er auflösbar, verletzbar, vernichtet wird.«[27]

Vergewaltigungskultur ist die Stütze, die Vergewaltigung normalisiert und die fortwährend hohe Zahl an Vergewaltigungen ermöglicht. Wenn wir einmal zu verstehen beginnen, wie tief die Fundamente von Vergewaltigung als Institution liegen, können wir beginnen, sie von innen heraus abzubauen.

Vergewaltigungskultur wirkt sich auf alle aus, nicht nur auf Frauen. Vergewaltigungskultur reduziert Männer auf gewalttätige ›Biester‹, die keine Kontrolle über ihre ›natürliche‹ körperliche und mentale Übergriffigkeit haben. Vergewaltigungskultur nimmt Männern die Gelegenheit, ihre Stärke darin zu bestimmen, dass sie andere unterstützen und schützen können. Vergewaltigungskultur ignoriert die Identität aller Menschen außerhalb der Geschlechterzweiteilung und heterosexuellen Konstellation. [Darin werden zu über 98 Prozent Frauen von Männern vergewaltigt.[28] In der vorherrschenden Vergewaltigungskultur finden geschlechtlich nicht-konforme Identitäten und Vergewaltigungen im queeren Kontext keine Beachtung.] Vergewaltigung und sexualisierte Gewalt wirkt sich nicht nur auf die Opfer und Täter aus, sondern auch auf deren Familien; das Trauma wird manchmal über Generationen weitergegeben.

Vergewaltigungskultur sorgt geschickt dafür, dass wir Vergewaltigung für ›normal‹, ›natürlich‹, unvermeidlich oder gar für einen ›gewöhnlichen‹ Bestandteil des Lebens halten – und manchmal sogar darüber Witze machen. Aber genau mit einer solchen gefährlichen Lüge wird die Institution Vergewaltigung geschützt. Unser Kampf für ein Ende der Vergewaltigungen bedeutet nicht nur, dass wir die Tat der Vergewaltigung selbst angreifen, sondern dass wir alle Aspekte der Vergewaltigungskultur finden und verantwortlich machen müssen, durch die Gewalt popularisiert, relativiert und romantisiert wird:

Wo erkennst du versteckte (und weniger versteckte) Botschaften, die eine Kultur der Vergewaltigung (ver)stärken? Wie verstetigst und entschuldigst du selbst in deinem eigenen Leben die Vergewaltigungskultur? Wenn du dir die Allgegenwärtigkeit der Vergewaltigungskultur einmal bewusst gemacht hast, gibt es kein Zurück mehr. Kremple die Ärmel hoch, denn der einzige Weg nach vorn führt in den Kampf dagegen.

Platz für deine Notizen:

NUR JA = JA
NEIN HEISST NEIN

2.5 Konsens als Instrument gegen die Vergewaltigungskultur

Vergewaltigungskultur muss aus allen möglichen Richtungen bekämpft werden. Konsens ist eine unmittelbare, leicht verständliche Maßnahme, die wir ergreifen können, um zu lernen, wie wir in sexuellen Situationen sprechen und zuhören können. Um nicht-einvernehmlichen Sex und Vergewaltigungskultur zu beenden, müssen wir eine Konsenskultur verbreiten und konkrete Regeln dafür schaffen.

Vergewaltigung wird häufig so dargestellt, als warte ein Unbekannter an einer dunklen Straßenecke auf eine Frau, die er sich zum Opfer machen kann. Dieses Vergewaltigungsszenario ist unter anderem so bekannt, weil die Wahrheit viel schwieriger zu verarbeiten ist. Menschen, die vergewaltigen, sind meistens Menschen, die wir kennen: Väter, Onkel, Freund*innen, Dates, Partner*innen etc. – sie sind also gar keine Fremden. Laut Ergebnissen der Studie des FRA haben 22 Prozent der Frauen körperliche und/oder sexuelle Gewalt durch ihre*n ehemalige*n oder aktuelle*n Partner*in erfahren. Von den Übergriffen, die nicht innerhalb einer Partner*innenschaft verübt wurden, handelte es sich bei 77 Prozent um Bekannte des Opfers; bei lediglich 23 Prozent handelte es sich um Fremde.[29]

Diese Zahlen verdeutlichen, dass es notwendig ist, genauer abzugrenzen, was eine gesunde und was eine ungesunde Beziehung ausmacht. Da so viele Vergewaltigungen und sexuelle Übergriffe zwischen Menschen passieren, die bereits in Beziehung zueinander stehen, ist es möglich, dass wir durch Bildung über Konsens sicherstellen können, dass diese Beziehungen nicht gewalttätig werden.

Anzuerkennen, dass eine Vielzahl von Männern bereits sexuell aggressiv gehandelt hat, ist ein notwendiger Schritt auf der Suche nach Lösungen. Vergewaltigung und sexuellen Missbrauch zu beenden, bedeutet, die wahrscheinlichsten Täter zu adressieren und weiterzubilden. Wir müssen nicht Menschen vermitteln, wie sie nicht vergewaltigt oder missbraucht werden; sondern wir müssen Menschen über persönliche Selbstbestimmung weiterbilden und ihnen vermitteln, wie sie lernen, diese Selbstbestimmung zu respektieren. Zu wissen und zu kommunizieren, wie wir unsere Körper einander begegnen lassen wollen – und wie wir uns darüber Zustimmung einholen können –, ist der Grundpfeiler, auf dem wir eine Bewegung für grundlegende sexuelle Rechte als Menschenrechte aufbauen und stärken können.

Die Vergewaltigungskultur, in der die Überlebenden von sexuellen Übergriffen verurteilt und erniedrigt werden, muss ein Ende haben. Es ist egal, welche Kleidung du trägst, mit wie vielen Menschen du Sex hast, welches Geschlecht oder welche sexuelle Orientierung du hast, ob du Sexarbeiter*in bist, BDSM magst oder was auch immer: Du hast das Recht, dich in jedem Bereich deines Lebens – einschließlich deiner sexuellen Erfahrungen – sicher und sexy zu fühlen.

Die einzige Möglichkeit, nicht weiter zur Vergewaltigungskultur beizutragen, liegt darin, ausschließlich ausdrücklich einvernehmlichen Sex (nach Regeln der Konsenskultur) zu praktizieren. Jedes Mal, wenn eine Person Konsens anwendet, verkündet sie damit ausdrücklich und lautstark, dass sie das Recht einer anderen Person respektiert zu entscheiden, was mit ihrem Körper passiert, und dass sie an deren Wünschen und Begehren interessiert ist. Ob dieser Wunsch dann darin liegt, sich alle Kleider vom Leib zu reißen, oder ohne ein weiteres Wort in Ruhe gelassen zu werden – beides sind gleichermaßen positive Antworten. Denn eine Person nimmt ihr Recht wahr, selbstbestimmt zu entscheiden. Indem wir uns weniger auf die eigentliche Reaktion fokussieren als auf den Prozess, schaffen wir eine Umgebung, die weitere ehrliche Reaktionen fördert. So können wir Konsens als eine Kettenreaktion denken: Mit einer Person Konsens zu praktizieren, bringt sie dazu, häufiger und mit weiteren Menschen Konsens zu praktizieren, die wiederum das dann ebenfalls tun.

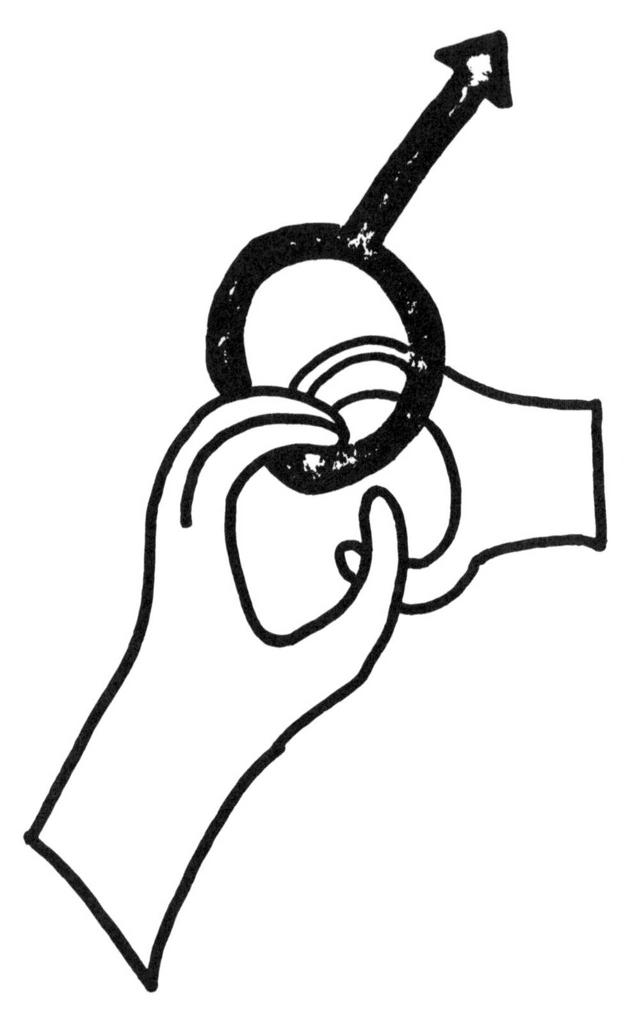

2.6 Zur Rolle von Männlichkeit in Bezug auf Vergewaltigung und Vergewaltigungskultur

Männer spielen eine besonders wichtige Rolle für die Institution Vergewaltigung, weil sie die einzigen sind, die Vergewaltigung beenden können. Ohne die Unterstützung und das Engagement von Männern wird Vergewaltigung weiterhin weit verbreitet sein. Das schmälert auf keine Weise das Engagement und die Genialität all der Menschen, die bereits unermüdlich daran arbeiten, Gesetze zu ändern, Leute weiterzubilden, zu schützen, wieder in die Gesellschaft einzugliedern. Es soll eher ein Schlachtruf sein – eine Einladung. Ich will sagen: Männer, ihr werdet hier und jetzt gebraucht in diesem Kampf gegen Vergewaltigung, macht ihr mit?

Das Ende von Vergewaltigung ernst zu meinen, bedeutet anzuerkennen, wer die allerhäufigsten Täter von Vergewaltigungen sind: cis Männer. Wenn cis Männer die Haupttäter von Vergewaltigungen sind, ist es nur logisch, dass es in ihrer Verantwortung liegt, Vergewaltigung ein Ende zu bereiten.

Die meisten Männer würden inbrünstig zustimmen, dass Vergewaltigung eine »schlimme«, eine »furchtbare« Sache ist. Aber es fehlt die Verbindung zwischen diesem Gedanken und dem tatsächlichen Handeln. Es bleibt die Frage: Warum schweigen Männer im Kampf gegen Vergewaltigung? Warum sind Männer nicht dauerhaft empört über die fortwährende Gewalt, die im Namen von Männlichkeit verübt wird? Warum protestieren nicht Massen von Männern gegen sexualisierte Gewalt?

Der offensichtlichste Grund, warum Männer desinteressiert bleiben, ist, dass sie aus dieser systematischen Gewalt Privilegien beziehen. Sie gewährt der ›männlichen‹ Identität Dominanz über alle anderen Identitäten. Andrea Dworkin sagt in ihrer bahnbrechenden Rede »I want a Twenty-Four-Hour Truce During Which There is No Rape« (dt. etwa: Ich will 24 Stunden Waffenstillstand, in denen keine Vergewaltigung stattfindet):

> »Die Macht von Männern als Klasse ist abhängig davon, dass Männer sexuell unangetastet bleiben, während Frauen von Männern sexuell missbraucht werden.«[30]

Dworkin fährt unverblümt und weise fort:

> »Ich glaube nicht, dass Vergewaltigung unvermeidlich oder natürlich ist. Habt ihr euch je gefragt, warum wir nicht einfach in den bewaffneten Krieg gegen euch treten? Es liegt nicht an einem Mangel an Küchenmessern in diesem Land. Es liegt daran, dass wir an eure Menschlichkeit glauben, entgegen aller Beweise.«

Männer sind Täter, doch zugleich sind sie die größte und einzige Hoffnung für eine Welt ohne Vergewaltigung. Männer sollten sich gestärkt fühlen, denn – als mächtigste Bevölkerungsgruppe auf dem Planeten – liegt es in ihrem Bereich des Möglichen, diese humanitäre Krise zu beenden.

Für die Menschheit ist es notwendig, dass Männer sofort handeln, anstatt sich nur schuldig zu fühlen und verteidigen zu wollen. Männer können aufhören zu vergewaltigen und sie können daran arbeiten, die Vergewaltigungskultur abzubauen. Vergewaltigungskultur zu beenden, bedeutet, dass Männer sich selbst zur Verantwortung ziehen; nicht nur für ihre Gedanken und Handlungen, sondern auch für die Gedanken und Handlungen anderer Männer und für die Männlichkeitskultur im Allgemeinen. Die Beendigung dieses Unterdrückungssystems ist zum Besten anderer und ihrer selbst.

Trotz der genannten Vorteile verletzt die Vergewaltigungskultur auch Männer. Darin spielen Männer die Rolle der Übergriffigen und alle anderen die der Missbrauchten. So sehr Frauen und geschlechtlich nicht-konforme Personen nicht missbraucht werden wollen, so sehr wollen Männer nicht standardmäßig alle in die Kategorie der Vergewaltiger und Täter fallen. Um dieser automatischen Zuweisung der Täterrolle zu entfliehen, müssen Männer mehr tun als bloß Vergewaltigung zu verurteilen – sie müssen sie aktiv bekämpfen.

Vergewaltigungskultur und Freiheit für Männer sind einfach nicht kompatibel. Der einzige Weg, sich aus dem Gefängnis der gewaltvollen Männlichkeit zu befreien, ist die Beendigung von Vergewaltigung. Die Schublade, die enthält, was es bedeutet, ein cis Mann zu sein, ist so klein, so beschränkt und so unschön. Wer würde da nicht daraus ausbrechen wollen?

Das Ende der Vergewaltigungskultur würde bedeuten, dass Männer keine Angst mehr haben müssen, aus Intimität und

Verletzlichkeit ausgeschlossen zu bleiben. Dass der enorme Druck abfallen würde, auf eine bestimmte Weise auszusehen, sich zu verhalten, sich zu kleiden. Dass sich Männer nicht mehr vor anderen Männern und ihrer tieferliegenden Aggression fürchten müssen und stattdessen die Gelegenheit hätten, ohne Angst oder Urteil Verbindungen mit ihnen einzugehen. Dass sie nicht mehr als gefährlich angesehen würden; dass Menschen nachts nicht mehr die Straßenseite wechseln, weil sie Angst vor der Geschlechtsidentität des dort laufenden Mannes haben. Die Möglichkeit für Männer, frei über Gefühle zu sprechen und zu erkunden, was sie glücklich, traurig, wütend usw. macht – das ist ein wichtiger Aspekt, um voneinander lernen zu können und einander zu nähren. Mehr zu sein als bloß ein ›Mann‹. Häufiger als du selbst erkannt zu werden, in deiner Komplexität, deiner ganzen Persönlichkeit und deinem einzigartigen Selbst. Niemandem deine ›Männlichkeit‹ beweisen zu müssen. Nicht mehr diese Reihe an Stereotypen aufführen zu müssen, die wir »Geschlecht« nennen. Zu verstehen beginnen, was dich ausmacht, deine Ängste, Träume, Begehren.

In der Vergewaltigungskultur wird das Begehren von Männern gefürchtet. Es wird oft als gefährlich erachtet und nur durch Frauen legitimiert. »Männliches Begehren wird als Reaktion auf weibliche Schönheit dargestellt«, schreibt Dworkin in ihrem Buch »Intercourse«.[31] Männer – queere und heterosexuelle – werden daran bemessen, wen und wie sie ›ficken‹; es wird von ihnen erwartet, ihre Partner*innen zum Objekt zu machen. In dieser Verobjektivierung werden auch sie selbst zu Objekten: nicht mehr als ein weiterer gefühlloser, testosteron-gesteuerter Penis.

Die Vergewaltigungskultur erzählt zwar eine andere Geschichte, aber Männer sind viel mehr als bloße ›Ficker‹ von Frauen. Das Begehren von Männern verdient einen grenzenlosen, unabhängigen Existenzraum. Konsens erfordert von Männern, dass sie diese Begehren erkunden und hinterfragen. Es ist nicht nur sexy, was Fernsehen, Porno und andere Popkultur für sexy erklärt, sondern das, was sich für ein einzigartiges Individuum wirklich gut anfühlt. Es erfordert einen gewissen Mut von Männern, diese Begehren zum Ausdruck zu bringen. Einmal ausgesprochen, erfordert Konsens von Männern, dass sie lernen, zu fragen, zuzuhören und Zurückweisung zu akzeptieren. Du musst wissen, dass ein Nein mit dem gleichen Enthusiasmus anzunehmen ist wie ein Ja. Fragen werden nicht gestellt, um eine bestimmte Antwort zu erhalten, sondern um die wahren Gefühle einer anderen Person zu erfahren. Konsens erfordert von Männern, zu verstehen, dass Menschen (einschließlich ihrer selbst) keine Objekte sind, die sie kontrollieren oder manipulieren können, und dass Selbstbestimmung immer respektiert werden muss.

Das Fehlen einer konsensorientierten Bildung hat gewiss dazu geführt, dass viele Menschen andere Menschen auf Weisen verletzt haben, die ihnen nicht einmal bewusst waren und sind. Die meisten Männer, die sexualisierte Gewalt ausüben, glauben, dass sie sich ›normal‹ verhalten – eben weil die Gesellschaft ihnen vermittelt hat, dass ein solches Verhalten ›normal‹ ist. Die Beiträge im Sammelband »Transforming a Rape Culture« (dt. etwa: Vergewaltigungskultur verändern) zeigen, dass die Überschreitung der Grenze zum sexuellen Missbrauch, zu Übergriff und Nötigung, insgesamt zu alltäglich und zu leicht für alle Männer ist – egal, wer du bist oder wer du zu sein glaubtest. Männern wurde falsch vermittelt, was es bedeutet, ein ›Mann‹ zu sein. Es ist also höchste Zeit, dass Männer recherchieren, sich selbst reflektieren und dabei neu bestimmen, was ihr ›Mann‹-Sein beinhaltet. Wie könnte eine gesunde Männlichkeit aussehen? Nicht ›neutrale‹ Männlichkeit, sondern eine Art ›Mann‹ zu sein, die die Gesundheit und Sicherheit anderer, von Männern selbst und der Welt gewährleistet. Vielleicht ist der Gedanke einschüchternd, Jahrhunderte der Gewalt zurück zu bauen. Aber du solltest wissen, dass bereits durch das Stellen dieser Fragen eine Saat gesät wird. Sich selbst zu hinterfragen, ist niemals eine einfache Aufgabe. Aber, die Momente zu untersuchen, in denen wir Mist gebaut haben, hilft sicherzustellen, dass wir die gleichen Fehler nicht wieder begehen. Wachsen bedeutet, Fehler zuzugeben und Verantwortung dafür zu übernehmen – und damit auch die Folgen unseres Handelns zu akzeptieren.

Mit dieser neu gefundenen Weisheit liegt es nun in der Verantwortung von Männern, voneinander zu lernen. Ein Privileg, das Männern zukommt, ist die Macht, dass ihnen zugehört wird. Die Stimmen und Botschaften von Männern werden von anderen Männern und der allgemeinen Öffentlichkeit viel wahrscheinlicher angehört als die von anderen Menschen. Die Überlegungen zu einer Kultur des Konsenses müssen ausgesprochen werden, laut, zwischen allen Männern dieser Erde. Denn Männer, die sich nicht aktiv gegen Vergewaltigung aussprechen und engagieren, erhalten sie aufrecht – ob bewusst oder unbewusst. Alle Männer haben die Fähigkeit, in Gesprächen mit Freunden Raum zu schaffen, um sexistisches Denken und Sprache zu hinterfragen und die Anwendung des Konsensprinzips zu fördern. Sie können sich öffentlich gegen Worte und Handlungen aussprechen, die ›toxische‹ – also giftige, zerstörerische, gewaltvolle – Männlichkeit fördern, und stattdessen jene hervorheben, die eine ›gesunde‹ Männlichkeit praktizieren. Sie können ihr Privileg als Lautsprecher nutzen, um die Botschaften von Menschen zu verbreiten, die weniger privilegiert sind – ohne für sie zu sprechen. Sie können diese Menschen fragen, wie sie von Nutzen sein können, wie sie ihnen dabei helfen können, sich sicher und gestärkt zu fühlen – und akzeptieren, dass sich andere manchmal sicherer fühlen, wenn kein Mann oder kein cis Mann dabei ist. Sie können die Geschichten, Meinungen und Kritik von Menschen anhören und – anstatt sich zu verteidigen oder etwas persönlich zu nehmen – ihre Botschaft hören.

Wie Männer einander zur Verantwortung ziehen können, kann für jede Person unterschiedlich aussehen. Aber für alle, die nicht wissen, wo sie anfangen sollen, gibt es hier eine Liste von Möglichkeiten, wie ihr Vergewaltigung und Vergewaltigungskultur hier und jetzt im Alltag abbauen könnt.

- Praktiziere immer Konsens in sexuellen und nicht-sexuellen Begegnungen mit anderen Menschen. Lasse keinen Raum für Zweifel, mache Einvernehmen zu einem unverhandelbaren Teil all deiner Begegnungen mit anderen Menschen. Erzähle möglichst vielen Menschen, wie wichtig Konsens für dich ist.

- Finde heraus und verstehe, wie Unterdrückungssysteme deiner Identität Vorteile verschaffen und wie diese Systeme andere unterdrücken und auch dir als Mensch schaden können. Versuche aktiv, in deinem persönlichen und beruflichen Leben hierarchische Systeme, die auf Unterdrückung und Privilegierung beruhen, zu untergraben und abzubauen. Möchtest du es unterstützen, dass deine weiblichen und geschlechtlich nicht-konformen Kolleg*innen das gleiche Gehalt bekommen wie du? Sage ihnen, wie viel du bekommst und engagiere dich in Gremien, bei der Arbeit, in der Schule, im Verein oder anderswo, die sich um Einstellungen, Gehaltserhöhungen, Zuschläge und Beförderungen kümmern. Stelle Frauen und geschlechtlich nicht-konforme Personen ein, zahle ihnen mehr, fordere mehr Diversität in deiner Schule, an deinem Arbeitsplatz, in deiner Regierung usw.

- Höre Frauen zu und glaube ihnen. Lerne zuzuhören, ohne zu unterbrechen oder deine eigene Meinung zu sagen. Es ist in Ordnung, gar nicht zu sprechen und dich ganz dem Zuhören zu widmen. Wenn du dich unterhältst, zentriere das Gespräch nicht automatisch um dich und deine Erfahrung. Bemerke die Momente, in denen du dich angegriffen fühlst und widerstehe dem Drang zu reagieren. Hinterfrage stattdessen, woher deine Abwehr kommt.

- Schaffe Raum, in dem Frauen und geschlechtlich nicht-konforme Personen wütend sein können – wirklich wütend. Lyz Lenz schreibt in ihrem Essay »All the Angry Women« (dt. etwa: All die wütenden Frauen):

»Wut ist immer anderen vorbehalten (…) Eine wütende Frau muss sich rechtfertigen. Die Gründe für ihre Wut müssen ausgelesen, untersucht und debattiert werden. (…) Wütenden Frauen wird nicht gestattet, mehr zu sein als das schrille Heulen vom Spielfeldrand.«[32]

– Lies weibliche und geschlechtlich nicht-konforme Autor*innen, befasse dich mit ihrer Geschichte, Sprache und Philosophie. Erwarte nicht von jenen mit weniger Privilegien, dass sie dir etwas beibringen, sondern nutze die unendlichen Texte und Ressourcen, die in Büchern und im Internet zu finden sind. Wenn du um Hilfe im Lernprozess bittest, denke daran, dass diese Wissensvermittlung emotionale und körperliche Arbeit ist, die durch Bezahlung oder eine andere Kompensation anerkannt werden sollte.

– Frage nach, bevor du handelst. Mutmaße nicht, dass eine Person oder Gruppe eine bestimmte Hilfe möchte. Sich aus privilegierten Positionen gegen Unterdrückung zu verbünden, bedeutet, auf eine Weise zu unterstützen, die andere von dir erbitten. Das muss nicht unbedingt dem entsprechen, woran du gedacht hast oder wie du helfen wolltest.

– Nimm physisch und/oder emotional nicht so viel Raum ein. Mach dich nützlich, indem du es anderen ermöglichst, sich in welchem auch immer von ihnen gewählten Raum frei zu bewegen, ohne dass sie um dich herum oder durch dich hindurch arbeiten müssen. Das bedeutet, dass ihr Männer in eurem Lernen über mögliche Arbeit und Organisierung gegen Vergewaltigung keine emotionale Last für Frauen sein solltet, sondern euch eure eigene Unterstützung untereinander bieten müsst. Unterstütze Räume und Treffen, die Frauen, nicht-binären Menschen usw. vorbehalten sind, ohne dich ausgeschlossen zu fühlen. Mach dich nicht breit.

- Schweige nicht, wenn du mit anderen Männern zusammen bist. Übe, Sätze wie die Folgenden zu sagen: »Ich finde das nicht lustig«, »Du bist besser als das«, »Das finde ich beleidigend/diskriminierend/übergriffig«, »Ich möchte darüber sprechen, was du gerade gesagt hast«. Wenn du Angst hast, deine Meinung zu äußern – was sagt das über die Menschen, die dich umgeben, aus? Was sagt das über dich aus? Wenn du in Gruppen von Männern bist, achte auf deren Sprachgebrauch. Wenn du dir nicht vorstellen kannst, vor den Menschen, über die ihr sprecht, auf gleiche Weise zu reden, frage dich, warum. Wenn du etwas Gewaltvolles gegenüber anderen Menschen hörst, sprich dich dagegen aus. Mit einer oder mehreren Personen privat oder öffentlich zu reden, gehört zu den wirksamsten Mitteln, um etwas zu verändern. Denke daran, dass Schweigen als Zustimmung verstanden wird. Sei mutig. So schwer es auch sein mag, den Mund aufzumachen: Die Gewalt, die diese Haltungen gegenüber einer anderen Person oder einer anderen Gruppe von Menschen erzeugen, ist viel schlimmer.

- Sprich dich deutlich, laut und öffentlich gegen Vergewaltigung und sexuelle Belästigung aus. Unterstütze Frauen und alle anderen Menschen, die mutig genug waren, von ihren Erfahrungen zu erzählen. Verurteile öffentlich jene, die Aggressionen ausgeübt haben. Mache allen in deiner Gemeinschaft und Nachbar*innenschaft deutlich, dass du dich durch Gespräche, Soziale Medien, die Teilnahme an

Protesten, Vorträgen usw. aktiv darum bemühst, Vergewaltigung und Vergewaltigungskultur zu beenden.

- Hilf dabei, andere Männer weiterzubilden. Gründe Gruppen gegen Vergewaltigung/skultur oder nimm an ihnen teil. Gib Bücher, Artikel, Podcasts, Videos und andere hilfreiche Ressourcen über Konsens weiter und schließe Gespräche über die Informationen darin an. Sprecht weiterhin miteinander über eure Erfahrungen in der Anwendung des Konsens-Konzepts.

- Sei von keiner Art der sexuellen oder anderweitigen Zurückweisung persönlich gekränkt. Feiere die Individualität von Frauen und geschlechtlich nicht-konformen Menschen sowie ihr Recht, mit manchen Menschen Sex oder ein Gespräch haben zu wollen oder nicht.

- Wenn du jemals Zeuge von sexualisierter Gewalt oder einer anderen potenziell gefährlichen Situation wirst, interveniere sofort. (Siehe die Liste am Ende des Buchs für Möglichkeiten, sexualisierte Gewalt konkret zu verhindern.)

- Ergänze und schaffe deine eigene Liste mit Möglichkeiten, eine Kultur des Konsenses aufzubauen.

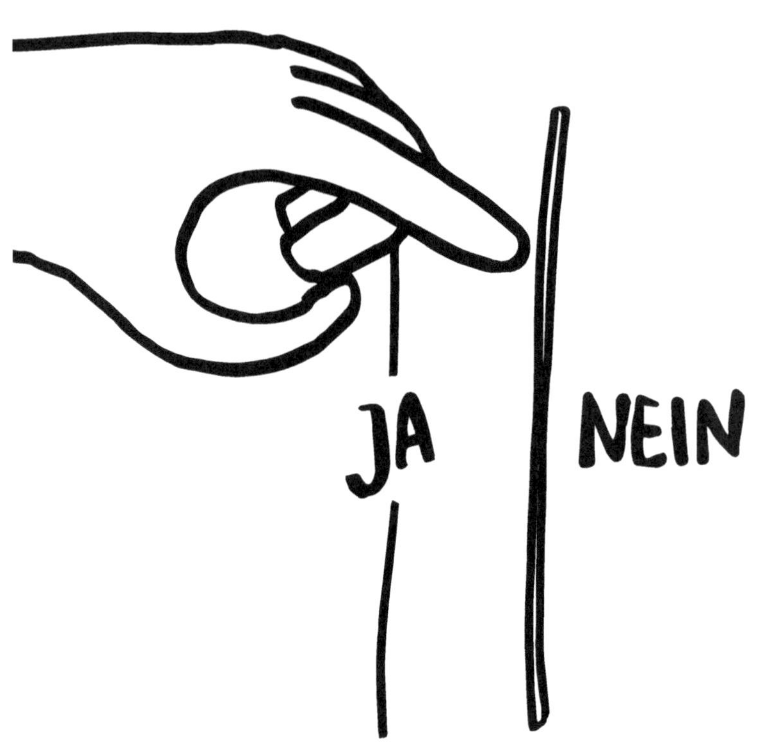
JA
NEIN

2.7 Die Feinheiten beim Sex

Es gibt Situationen, in denen eine Person eine sexuelle Handlung fortsetzt oder körperlich erzwingt, nachdem eine andere Person »Nein« gesagt hat – das ist ein offensichtlicher Akt der Vergewaltigung und sexualisierten Gewalt. Aber manchmal kann der Grad zwischen Ja und Nein sehr schmal oder ein bisschen verwirrend erscheinen. In der Hitze eines sexuellen Moments kann es zudem schwierig sein, einen klaren Kopf walten zu lassen. Deshalb ist es sehr wichtig, im Vorhinein gründlich über Konsens Bescheid zu wissen. Wie bei allem anderen auch, wird der Prozess, Zustimmung einzuholen und zu erhalten mit etwas Übung immer einfacher und natürlicher. Und es gibt Schlimmeres, als sich in gutem Sex zu üben.

Außerhalb von sexuellen Situationen mit Partner*innen über Sex zu sprechen, hilft dabei, unangenehme Momente oder Schamgefühle zu verringern. Die andere/n Person/en nach ihren Fantasien zu fragen und deine eigenen zu teilen, ist eine sexy Möglichkeit, um ins Gespräch zu kommen und mehr übereinander zu erfahren. Sprecht vor Beginn einer sexuellen Erfahrung über eure persönlichen Grenzen, Vorlieben und Abneigungen. Welche Handlungen werden klar ausgeschlossen und welche Handlungen müssen später im Gespräch nochmal genauer betrachtet werden? Gibt es etwas, das dich besonders stresst oder nervös macht? Was macht dich wirklich an?

Konkrete Gedanken über die Begehren einer Person zu hören, bevor der Sex beginnt, ist ein hervorragendes Vorspiel und bestimmt den Ton für den Rest der gemeinsamen Erfahrung. Achte auf die ausgesprochenen und körperlichen Reaktionen sowie auf alle besprochenen Fragen. Lass die Person wissen, wie wichtig dir Konsens ist, und dass du nur Dinge tun willst, die sich für alle Beteiligten gut anfühlen.

Im Vorhinein ausgesprochene Regeln – wie: »Hey, ich habe wirklich Lust, rumzuknutschen, aber ich will keinen Sex« – erleichtern es zu erkennen, wenn die andere Person eine Grenze zieht. Diese Aussprache macht auch deutlich, dass für alles, was über das Knutschen hinaus geht, ein neues Einvernehmen hergestellt werden muss. Wenn eine Person keine Grenzen setzt, bedeutet das nicht, dass sie keine hat. Frage also immer nach, anstatt etwas zu vermuten. Auch während der gesamten gemeinsamen Erfahrung ist es wichtig, immer wieder miteinander zu kommunizieren. Vor jeder neuen sexuellen Handlung muss Konsens hergestellt werden: Möchtest du den Mund statt der Finger einsetzen? Die Position wechseln? Einen anderen Dildo ausprobieren? Das Kondom wechseln? Ein Kondom entfernen? Einen weiteren Teil des Körpers berühren? Möchtest du, dass jemand zusieht, wie du dich selbst anfasst? Egal worum es geht: Vor jeder Handlung an, mit oder in Anwesenheit der anderen Person musst du deren Zustimmung einholen, Konsens herstellen, im Einvernehmen bleiben. Fragen dauert weniger als eine Sekunde und ein enthusiastisches »Ja!« ist der einzige Weg, um den Sex fortzusetzen. Beim Sex das Einvernehmen zu prüfen und zu wiederholen, gehört einfach dazu, ein*e gute*r Sexualpartner*in zu sein. Der beste Weg herauszufinden, ob du einer Person wirklich und richtig Freude bereitest, ist, sie zu fragen.

Wenn es um Sex geht, ist allerlei gesellschaftlicher Druck im Spiel, besonders für Frauen. Jenseits von Vergewaltigungen haben Studien gezeigt, dass sozialer Druck oder der Wunsch, die

Gefühle der anderen Person nicht zu verletzen, einen großen Einfluss auf ihr eigenes Vergnügen haben. Das zeigt sich deutlich in der Forschung von Dr. Gayle Brewer über heterosexuelle cis Frauen, die Orgasmen vortäuschen. Erstaunliche 80 Prozent der befragten heterosexuellen cis Frauen gaben an, Orgasmen vorzutäuschen.[33] Manche dieser Frauen tun es, um das Ego des Partners zu stärken; manche wollen den Sex zu einem Ende bringen; manche möchten Standards erfüllen, die sie aus Darstellungen von Sex kennen. Oft setzen Frauen eine sexuelle Aktivität fort, weil sie ein schlechtes Gewissen haben, »Nein« zu sagen und/oder weil sie sich unter Druck fühlen, ihren Partner zu befriedigen, oder weil sie nicht so richtig wissen, wie sie die sexuellen Handlungen abbrechen können. Sozialer Druck kann Menschen auch dazu bringen, aus Angst um ihre Sicherheit oder vor anderen gesellschaftlichen, wirtschaftlichen, rechtlichen usw. Konsequenzen und/oder vor Vergeltung »Ja« zu sagen. Deshalb ist ein enthusiastisches »Ja!« – engagierte Zustimmung – so wichtig. Ein Ja, das auf Zwang beruht, gilt nicht als Konsens.

Es ist wichtig, zu verstehen, wie Privilegien funktionieren, um sicherzustellen, dass eine Person sich nicht gezwungen fühlt, »Ja« zu sagen. Sexismus, Rassismus, *Klassismus* usw. betreten alle mit uns das Schlafzimmer. Indem wir ein System der offenen Kommunikation schaffen, können sich alle Beteiligten eher gestärkt fühlen, ihre sexuelle Erfahrung auf eine Weise zu steuern, die sich für sie richtig anfühlt. Im Vorhinein über Sex zu sprechen; klarzustellen, dass die andere/n Person/en weiß/wissen, dass es völlig okay ist, »Nein« zu sagen; durch respektvolle Fragen zu zeigen, dass du an ihrem Vergnügen interessiert bist und die Grenzen der anderen Person/en zu respektieren; das sind alles Wege, um einen sicheren Raum zu schaffen.

Vielleicht sagst du »Nein«, wirst aber nicht gehört, oder die Person fragt immer wieder und wieder, in der Hoffnung, dass du es dir anders überlegst. Wenn die Person dir nicht zuhören möchte, dann kann es gut sein, dass der Sex dir keine Freude bereiten wird – und es handelt sich um ein gutes Anzeichen dafür, dass die Person deine Zeit nicht wert ist. Auch wenn eine Person in deinem Versuch, über Konsens zu sprechen, drängelt und z.B. sagt, es sei weniger sexy, darüber zu sprechen als es einfach zu tun, sollte das deine Alarmglocken klingeln lassen. Die andere Person sagt damit nämlich auch, dass sie nicht daran interessiert ist, was dir Vergnügen bereitet – sie möchte nur ihr Vergnügen an dir befriedigen. Jede Person, die behauptet, sie bräuchte keinen Konsens, kein Einvernehmen, und sie wisse von allein, wie sie andere befriedigt, lügt entweder oder wird belogen. Es ist völlig egal, wie viel oder wie wenig sexuelle Erfahrung du mitbringst: Jede Person ist einzigartig und hat unterschiedliche Wünsche und Begehren. Der einzige Weg, 100 Prozent sicher zu sein, dass Sex allen Freude macht, ist Kommunikation.

Platz für deine Notizen:

2.8 Wie stelle ich Konsens her? Wie hole ich Zustimmung ein?

Keine Sorge, es ist sowohl einfach als auch sexy, Konsens herzustellen – also Zustimmung einzuholen und einvernehmlich sexuell zu handeln.

- Konsens herzustellen liegt in der Verantwortung der Person, die Sex oder irgendeine sexuelle Handlung wie Küssen, Anfassen usw. vollziehen möchte oder anregt.

Anstatt der Person, die sexuell aufgefordert oder angemacht wird, die Verantwortung zuzuschieben, »Nein« zu sagen, liegt es in der Verantwortung der initiierenden Person, ein enthusiastisches »Ja!« – engagierte Zustimmung – zu erhalten.

Egal, wie scheinbar unbedeutend eine Interaktion dir vorkommen mag: Wenn du eine sexuelle Handlung anregst, ist es wichtig, immer die freie Entscheidung zu ihrem Ausgangspunkt zu machen. Indem Konsens die Grundlage ist, wird es einfacher, auf dieselbe Weise weiterzumachen. Gehe nie davon aus, dass eine Person interessiert ist, wenn sie das nicht ausschließlich und enthusiastisch verkündet hat. Es ist sehr einfach, eine Person zu fragen, ob sie mit dir tanzen möchte, du sie umarmen darfst, ob du sie küssen, anfassen usw. darfst, wenn du direkte Fragen benutzt: »Kann ich …?«, »Darf ich …?«, »Möchtest du …?«. Sei dabei spezifisch: »Möchtest du mit mir zu diesem Lied tanzen?«, »Darf ich dich auch hier unten küssen?/Darf ich deine Vulva/deinen Penis küssen?«, »Magst du es so oder lieber anders? Und wie?«. Hab keine Angst, zu viele Fragen zu stellen. Achte genau darauf, wie eine Person mündlich reagiert und auf ihre Körpersprache. Ein enthusiastisches »Ja!« ist das einzige Zeichen, dass eine Person an der fraglichen sexuellen Aktivität oder nicht-sexuellen Berührung interessiert ist.

Solltest du unsicher sein, ob eine Person interessiert ist, solltest du dich am besten zurückhalten und die Initiative von ihr kommen lassen. Rachel Kramer Bussel beschreibt diesen Trick in ihrem Essay »Beyond Yes or No: Consent as Sexual Process« (dt. etwa: Mehr als Ja und Nein: Konsens als sexueller Prozess):

> »Wenn du üblicherweise die Person bist, die den Anfang macht, tritt einen Schritt zurück und frage dich, ob dein Gegenüber den sexuellen Impuls setzen würde, wenn du es nicht tätest. Lass die andere Person auf dich zugehen; du wirst dich nicht nur sehr begehrt fühlen, wenn sie es tut; wenn sie es nicht tut, erhältst du einen Hinweis, dass sie mit deiner Annäherung nur mitzieht.«[34]

Häufig fühlen sich Frauen und geschlechtlich nicht-konforme Personen unter Druck, höflich zu sein, oder trauen sich nicht,

»Nein« zu sagen, weil sie sich nicht sicher fühlen. Egal, welche Blicke eine Person dir zugeworfen hat, als sie mit dir flirtete; ob sie sich auf ein Getränk – oder fünf Getränke – hat einladen lassen; oder ob sie irgendwelche anderen ›Signale‹ gegeben hat: Es gibt immer Raum für Fehlinterpretationen. Es ist wichtig, die Körpersprache einer Person wahrzunehmen, aber sie reicht nie aus, um Konsens herzustellen. Eine Person kann welche Kleidung auch immer tragen (oder nicht), kann tanzen, flirten, Geschenke annehmen, so viele Sexualpartner*innen haben, wie sie will, und in egal welchem Job arbeiten: Sie wird nie ›danach gefragt‹ haben, zu sexuellen Annäherungen oder Kontakt eingeladen haben, wenn sie diesen nicht ausdrücklich und enthusiastisch zugestimmt hat.

Sei dir in öffentlichen Räumen darüber bewusst, in welcher Umgebung sich eine Person befindet, und dass sie nicht zu irgendjemand anderes Vergnügen da ist, sondern nur zu ihrem eigenen. Allein auszugehen oder einen Abend mit Freund*innen zu verbringen, ohne dass eine andere Person stört, steht jeder Person zu. Bevor du mündlich oder körpersprachlich mit einer Person und ihrem Körper in Kontakt trittst, musst du um Erlaubnis fragen, weil das der einzige Weg ist, konkret zu wissen, ob eine Person daran interessiert ist. Und wenn eine Person nicht tatsächlich aktiv Interesse zeigt, lass' es sein.

– Stelle sicher, dass die fragliche/n Person/en überhaupt in der Lage dazu ist/sind, ihr Einverständnis zu geben: Wenn eine Person betrunken ist oder andere Drogen genommen hat, schläft oder nicht bei Bewusstsein ist, kann sie keine Zustimmung geben.

Jede Substanz, die unsere Denkfähigkeit einschränkt, schränkt auch unsere Fähigkeit ein, unser Einverständnis zu geben. Wenn Alkohol oder andere Drogen beteiligt sind, kann kein Konsens hergestellt werden, weil der mentale Zustand einer Person verändert und die Entscheidungsfähigkeit eingeschränkt ist. Der Konsum von Alkohol und/oder anderen Drogen ist keine gute Gelegenheit, um jemanden ›aufzureißen‹ und/oder mit jemandem Sex zu haben. Wenn die Person an denselben sexuellen Handlungen in nüchternem Zustand nicht interessiert war, ist das ein Zeichen, dass hier kein Einvernehmen gegeben ist. Alle Menschen reagieren unterschiedlich auf Alkohol und/oder andere Drogen, aber wenn Substanzen beteiligt sind, sollte Sex für niemanden auf der Agenda stehen. Wenn wir es nach ein paar Drinks nicht besser wissen, als auf eine Bühne zu steigen und Whitney Houston in Karaoke zu singen, dann können wir sicherlich keine Entscheidung bezüglich Sex treffen. Ein einfacher Satz, den wir für solche Situationen einüben können, lautet:

> »Wir sind beide betrunken. Hier ist meine Nummer, meld' dich doch, wenn du ein andermal Zeit mit mir verbringen willst.«

Jede Person hat das Recht, aufzudrehen, loszulassen (ob mit oder ohne Substanzen), so viel zu trinken, wie sie will, und sich nicht darum zu sorgen, dass das ausgenutzt wird und/oder sie vergewaltigt wird. Kein Mensch sollte aufgrund seines Geschlechts und/oder seiner sexuellen Orientierung vorsichtiger sein müssen als Andere oder sich mehr um die eigene Sicherheit sorgen müssen. Die genannten Statistiken zeigen jedoch, dass cis Männer sehr viel wahrscheinlicher Frauen und Menschen anderer Geschlechter sexuell ausbeuten, während diese oder allesamt von Drogen oder Alkohol berauscht sind. Diese Tatsache sollte für keine Person ihre Pläne für genussvolles Vergnügen begrenzen, sollte aber von allen im Blick behalten werden, wenn wir über Sicherheit nachdenken. Als eine allgemeine Regel der Vorsicht findet der Konsum von Alkohol und/oder anderen Drogen am besten in Gruppen mit Menschen des Vertrauens statt, so dass alle aufeinander aufpassen können. Bevor ihr anfangt zu trinken und/oder andere Drogen zu nehmen, stellt sicher, dass alle eine sichere und verlässliche Möglichkeit haben, nach Hause zu kommen, für den Fall, dass das an irgendeinem Punkt ihr Bedürfnis ist. Hau' nie einfach ab, ohne deinen Freund*innen zu sagen, wo du hingehst und mit wem. Es ist am besten, betrunken oder auf Drogen nicht mit einer Person allein zu sein, die du nicht kennst und/oder der du nicht vertraust.

Bei Alkohol und Drogen gilt das Konsensprinzip insgesamt. Einer Person ohne ihr Einverständnis Drogen ins Getränk oder ins Essen zu geben, ist eine Gewalttat. Eine Person dazu zu drängen, Druck auf sie auszuüben, mehr zu trinken, ist nicht einvernehmlich, denn es schränkt die Person darin ein, selbstbestimmte Entscheidungen über ihren eigenen Körper zu treffen. Wenn eine Person berauscht ist, kann sie nicht ihr Einverständnis geben, mehr Alkohol und/oder andere Drogen verabreicht zu bekommen.

Über Schlaf oder Bewusstlosigkeit müssen wir wohl nicht sprechen. Auch wenn eine Person scheinbar ein bisschen aufgewacht ist, kann sie keine Zustimmung geben, solange sie nicht voll bei Bewusstsein ist.

Für jede der genannten Situationen gilt: Wenn es irgendeinen Zweifel an der Fähigkeit einer Person gibt, bewusst ihre Zustimmung zu geben, sollte standardmäßig angenommen werden, dass sie es nicht kann. Denke daran: Konsens wirkt auch rückwirkend. Das heißt, dass eine Person ihre Zustimmung auch nach einem sexuellen Akt noch zurücknehmen kann. Wenn Alkohol und/oder andere Drogen im Spiel sind, ist die Wahrscheinlichkeit deutlich höher, dass eine Person im Nachhinein feststellt, dass sie eigentlich nicht einverstanden war. Wie schon gesagt: Bei Konsens geht es um absolute, kristallklare Deutlichkeit. Alles, was nicht klar und deutlich ist, sollte als Hinweis verstanden werden, aufzuhören und nicht weiterzumachen.

– Stelle Fragen wie: »Fühlt sich das gut an?«, »Magst du das?«, »Darf ich dich hier berühren?«, »Ist das ok?«. Ist die Antwort ein »Nein«, Schweigen, neutral oder irgendetwas anderes als ein klares »Ja«, solltest du sofort aufhören.

Popkulturell wird uns bezüglich Sex vermittelt, dass alle durch magische Kräfte genau wissen, wie sie eine andere Person anfassen müssen, um ihr Freude zu bereiten, ohne dabei ein einziges Wort zu verlieren. Das ist falsch, falsch und nochmal falsch. Da jeder Körper verschieden ist – ganz unabhängig von Geschlechtern –, gibt es keine Möglichkeit, zu wissen, was eine Person mag, ohne sie zu fragen. Bevor wir eine Person berühren, küssen, in sie eindringen, uns in ihrer Anwesenheit selbst anfassen usw., müssen wir nicht nur wissen, ob sie das mag, sondern auch, wie sie es mag. Daher ist Nachfragen ein Muss.

Um Konsens herzustellen, liegt es in der Verantwortung der initiierenden Person, nicht bloß Fragen zu stellen, sondern nachzufragen und bessere Fragen zu stellen, um ein umfassendes Verständnis der befragten Person/en zu erlangen: Weniger »Ja/Nein«-Fragen, mehr »Wie?«-Fragen. Nicht nur »Kann ich dich berühren?«, sondern »Wie magst du berührt werden?«. Nicht einfach »Brauchst du Hilfe?«, sondern »Wie kann ich dir am besten helfen?«.

Offen über Körper zu sprechen, erfordert Übung und Ausdauer. Es gibt Möglichkeiten, diese Fragen auf eine Weise zu stellen, dass alle Beteiligten sich dabei sexy fühlen. Experimentiere mit offenen Vorschlägen, wie: »Was hältst du davon, ____ auszuprobieren?«, »Wolltest du schonmal etwas wie ____ tun?«. Konsens herzustellen, trägt zur heißen Stimmung der Situation bei, nicht andersherum. Wenn du eine Antwort bekommst, höre genau zu und respektiere die Vorlieben der anderen Person. Ein enthusiastisches »Ja!« ist Zustimmung. Jede andere Reaktion bedeutet: Pause, mehr Fragen stellen und sich langsam zu Einvernehmlichem hinarbeiten.

* Tipp für Fortgeschrittene: Überlegt euch ein gemeinsames Sicherheitswort (safe word), das jederzeit genutzt werden kann und »Stop« bedeutet. Solche Wörter sind im BDSM üblich, wo die Grenze zwischen Vergnügen und Schmerz verschwommen sein kann, sie können aber in allerlei weiteren Situationen nützlich sein. Wählt ein Wort, das weder sexy ist noch irgendetwas mit Sex zu tun hat. »Ja«, »Nein«, »Stop«, »Aua« sind ungeeignet, aber »Spargel«, »Oklahoma« oder »lila« sind hervorragende Sicherheitswörter. Wenn eine der an der sexuellen Situation beteiligten Personen das Sicherheitswort sagt, bedeutet das, dass die sexuelle Situation sofort anhalten muss. Das ist sehr nützlich, wenn eine Person eine Pause machen, Einvernehmen wiederherstellen oder komplett aufhören möchte oder sie sich einfach nur unwohl fühlt.

* Ein weiterer Tipp für Fortgeschrittene: Nach Einverständnis zu fragen, kann auch Bettgeflüster sein und somit enorm heiß: »Ich würde dich wirklich gerne hier … und hier … berühren und küssen. Darf ich?«; »Darf ich dich kommen lassen, indem

ich dich hier … berühre und küsse?«; »Wo und wie würdest du gern angefasst werden?«; »Magst du das? Willst du mehr davon?«

– Jede Art von Zwang/Nötigung, Manipulation oder Druck auf die Person/en, »Ja« zu sagen, macht die Antwort ungültig. Die Dynamiken aus Macht und Privilegien spielen hier eine wichtige Rolle. Eine Person, die aufgrund ihres Alters, ihrer Befähigung, ihrer beruflichen Position, ihres Geschlechts, ihrer Rassifizierung, ihrer Klassenzugehörigkeit usw. mehr gesellschaftliche oder körperliche Freiheiten hat, muss sicherstellen, dass dies keinen Einfluss auf das erteilte Einverständnis nimmt.

Die offensichtlichsten Formen von Zwang, Nötigung oder Druck sind: eine Person weiter um etwas bitten, wozu sie bereits »Nein« gesagt hat; die Frage wiederholen; Dinge sagen wie »Bitte? Nur dieses eine Mal?«; drohende Sprache oder Körperbewegungen gebrauchen; gestikulieren oder der Person das Gefühl vermitteln, dass sie (oder ihr Job, ihr Ruf usw.) gefährdet ist, wenn sie »Nein« sagt. Manipulation kann darin liegen, nicht sauber mit der Wahrheit umzugehen, was dich selbst oder die Situation angeht, um die Person dazu zu bringen, mit dir Sex zu haben. Oder eine Person in eine Situation hinein tricksen, der sie ansonsten nicht zustimmen würde. Jede Art der körperlichen und/oder emotionalen Nötigung oder Manipulation macht Konsens zunichte, auch wenn die Person/en im Nachhinein zustimmt/en.

WENN DU NEIN SAGST, DANN ... !
DAMIT MEINTEST DU BEST-IMMT! ...
SAG MAL JA!!
SAG BITTE JA!
UND JETZT?
UND JETZT
UND

In einer Welt, die der Identität bestimmter Menschen mehr Macht zuweist als anderen, ist es unvermeidlich, dass diese Ungleichheitsdynamiken in sexuellen Begegnungen zugegen sind. Unterdrückungssysteme und Privilegien umfassend zu verstehen, hilft dabei, bewusst diese Dynamiken und die Verobjektivierung anderer zu vermeiden. Findest du deine*n Chef*in attraktiv, weil es sich um deine*n Chef*in handelt (Objekt) oder aufgrund der Persönlichkeit, spezifischer körperlicher Aspekte, der allgemeinen Art der Person (Menschlichkeit)? Dan Savage betont in seinem Sexratgebe-Podcast »Savage Love« immer wieder, dass es darum geht, »unsere Begehren zu untersuchen«. Im Wesentlichen sollten wir hinterfragen, ob wir etwas tatsächlich mögen oder ob die Anziehung auf sozialen Konstruktionen und Stereotypen beruht. Unsere tatsächlichen Begehren von jenen zu lösen, die uns durch Schönheitsideale, Stereotype usw. auferlegt wurden, ist ein Prozess des fortwährenden Überdenkens und Selbst-Hinterfragens. Das Konsensprinzip beruht auf dieser Art der Selbstwahrnehmung. Schließlich ist es nie ein einvernehmlicher Akt, wenn eine Person als Objekt behandelt wird (es sei denn, es gehört zu einer einvernehmlichen Rollenspielsituation).

Bleiben wir im Szenario von Chef*in/Mitarbeiter*in (leicht ersetzbar durch Lehrer*in/Schüler*in, Mann/Frau, cis Person/trans Person, Normkörper/anders befähigte Person usw.): Auch nach der Untersuchung des eigenen Begehrens bleibt der Weg zu wahrem Konsens turbulent. Wann immer es einen definierten und/oder substanziellen Machtunterschied gibt, ist es sehr schwer zu wissen, ob diese Dynamik eine Person aus Angst oder empfundenem Druck zu etwas »Ja« sagen lässt, dem sie eigentlich nicht zustimmt. Einen sicheren und offenen Gesprächsraum zu schaffen, hilft allen dabei, sich wohl zu fühlen und sich auszudrücken. Eine weitere Möglichkeit ohne Druck oder Zwang Konsens herzustellen, ist, die Person mit weniger Privilegien die sexuelle Beziehung einleiten zu lassen. Da das allein noch keine wahre sexuelle Gleichheit garantiert, sollten diese Dynamiken in ehrlichen Gesprächen immer wieder besprochen werden. Tatsächlich wird Sex von ebendiesen Ungleichheitsdynamiken belastet sein, bis wir eine völlig freie und gerechte Gesellschaft haben. Die einzige Lösung liegt in unserem steten Bemühen um eine gerechtere Gesellschaft. Denn neben mehr Rechten, Freiheiten, Lohn usw. ist auch besserer Sex ein ziemlich guter Grund, um Unterdrückung zu beenden.

Jungfräulichkeit

Es gibt eine besondere Art des Drucks rund um das Konzept der ›Jungfräulichkeit‹. Das wichtigste, das wir uns bezüglich ›Jungfräulichkeit‹ merken sollten, ist, dass es sich, wie bei Geschlecht, Rassifizierung, Zeit und organisierten Religionen, um ein soziales Konstrukt handelt. Wann eine Person sich entscheidet, zum ersten Mal Sex zu haben – und wie dieser Sex aussieht –, ist absolut und vollkommen ihre Sache. Der ›Verlust der Jungfräulichkeit‹ gewährt auch nicht automatisch Zugang zu Wissen und Verständnis über alles Mögliche rund um Sex. Über Sex lernen wir fließend, immer weiter und durch viel Zuhören.

Wie in allen sexuellen Praktiken ist es wichtig, unsere Begehren und Wünsche zu hinterfragen. Die Sorge, dass andere Menschen eine*n sonst verurteilen, ist kein guter Grund, Sex zu haben. Michael A. Messner schreibt in seinem Essay »The Triad of Violence in Men's Sports« (dt. etwa: Drei Aspekte der Gewalt im Männersport):

> »Ich kann im Rückblick erkennen, wie meine Erfahrungen in meinem Team mich bezüglich meiner Jungfräulichkeit verunsicherten, beschämten und frustrierten. Und das wiederum stärkte in mir eine Tendenz, meine Freundin als Objekt der Eroberung zu sehen, statt als Person mit eigenen Gefühlen.«[35]

Jungen werden oft von Gleichaltrigen unter Druck gesetzt, so früh wie möglich Sex haben zu müssen, um ein ›Mann‹ zu werden (also die hetero- und cisnormative, gewaltvolle Definition von einem ›Mann‹). Das führt Jungs dazu, auf unfaire Weise Druck auf andere Menschen auszuüben, sich auf Penis-in-Vagina-Penetration mit ihnen einzulassen. Sie machen ihre Partnerin zu einem Objekt, das sie in sich eindringen lassen soll. Es geht dann mehr darum, das Thema ›abzuhaken‹ als um einen besonderen gemeinsamen Moment mit einer anderen Person. Für Frauen kann sowohl das Ja als auch das Nein zu Sex negative Auswirkungen haben. Wir leben in einer Gesellschaft, in der eine Frau vor ihrem ersten Sex als unerfahren und kindlich gilt. »Ja« zu Sex zu sagen, macht ein Mädchen jedoch auch schnell zur ›Schlampe‹, beschmutzt sie, oder sie wird für zu erfahren gehalten. Die Logik »Jungfrau oder Schlampe« ist nicht nur eine unwahre Nachteilssituation für Frauen. Sie ist auch ein offensichtlicher Doppelstandard, der für Männer nicht gilt. Für Menschen, die nicht cis und/oder heterosexuell sind, ist die Idee der Jungfräulichkeit noch verwirrender. Angenommen, du hast nie Sex mit Männern oder lässt nichts in dich eindringen, bist du dann noch Jungfrau? [Was ist eigentlich erster Sex?]

Zum ersten Mal Sex zu haben, kann ganz unterschiedlich aussehen – je nachdem, welcher sexuelle Akt auch immer einer Person unglaublich tolle Gefühle verschafft: gemeinsame Masturbation, einander Anfassen, Oralsex, Petting, Pegging (eine Frau dringt anal in einen Mann ein) usw. Jede Person darf selbst entscheiden, was sie wann als ›Verlust der Jungfräulichkeit‹ bewertet; sei es der erste Orgasmus, der erste Sex mit einer anderen Person, der erste queere Sex, der erste einvernehmliche Sex usw. In welchem Szenario auch immer: Deine Entscheidung, zum ersten Mal Sex zu haben, sollte darauf beruhen, dass du eine bestimmte Person (oder Personen) gefunden hast, die dich unfassbar anmacht und die genauso für dich empfindet. Vom ersten bis zum letzten Sex: Es sollte sich um eine Gelegenheit handeln, wirklich und wahrhaftig mit unserem körperlichen und emotionalen Selbst in Kontakt zu sein. Es gibt viele Faktoren, durch die wir lernen, was sich für uns gut anfühlt und was nicht. Aber gesellschaftlicher Druck sollte nicht dazu gehören.

- Jedes Mal, wenn du einen neuen sexuellen Akt beginnst, stelle sicher, dass du erneut das Einverständnis der anderen Person/en bekommen hast. Eine gute Art, den Dialog zu beginnen, könnte sein: »Es ist okay, wenn du Nein sagst, aber möchtest du vielleicht ____ ?« oder »Würdest du gerne ____ ? Wenn nicht, ist das voll ok!«

Auch mit mehr Erfahrung sollte der Druck nicht steigen. Je heißer und intensiver eine Situation wird, desto mehr Menschen fühlen sich verpflichtet, diesen Weg fortzusetzen, auch wenn sie es sich anders überlegt haben. Anderen einen ›Ausweg‹ zu eröffnen, gehört daher zum Standard-Protokoll – egal, ob es darum geht, eine Person nach ihrer Telefonnummer zu fragen oder sie darum zu bitten, dir im Bett die Augen zu verbinden. Mit einer Frage zu beginnen wie »Du kannst auch Nein sagen, ____ ?«, »Wenn nicht, dann nicht, aber möchtest du ____ ?«, »Es ist gar kein Problem, wenn du nicht magst, aber möchtest du vielleicht ____ ?«, »Wenn du keine Lust hast, machen wir das nicht, aber hast du Lust, ____ ?«, macht deutlich, dass es ebenso okay ist, »Nein« zu sagen, wie »Ja«.

Im Zeitalter der Sozialen Medien, der Textnachrichten und des Internets gehen sexuelle Beziehungen häufig über die körperliche sexuelle Erfahrung hinaus. Wenn es darum geht, Informationen weiterzugeben, seien es Nachrichten, Fotos oder irgendwelche anderen Details über eine andere Person, dann müssen sie genauso behandelt werden wie sexuelle Erfahrungen; es muss also immer deren Einverständnis eingeholt werden. Wenn dir eine Person ein Foto von sich schickt, ist es nie einvernehmlich, es irgendwem anders zu zeigen, bevor du die enthusiastische Zustimmung der Person auf dem Foto erhalten hast. Bevor bei einer sexuellen Erfahrung fotografiert oder ein Video aufgenommen wird, müssen alle beteiligten Personen zustimmen. Bevor ein Video anderen Menschen gezeigt oder verfügbar gemacht wird, müssen alle Beteiligten zustimmen. Textnachrichten, Emails oder andere Notizen sind nur an die Menschen gerichtet, an die sie geschickt wurden. Informationen über den Körper einer Person, die gemeinsamen sexuellen Handlungen oder irgendwelche Details über die Erfahrung sollten mit niemandem geteilt werden, es sei denn, die beteiligten Personen haben dem ausdrücklich zugestimmt. Im Prinzip muss alles, was irgendwie intim oder nah war und ist, zwischen den beteiligten Personen bleiben, es sei denn, diese haben engagiert zugestimmt.

- Achte beim Sex auf den körperlichen und verbalen Ausdruck der anderen Person/en. Wenn du an irgendeiner Stelle irgendeinen Ausdruck von Schmerz, Unwohlsein oder Verstimmung wahrnimmst, frage nach, wie es der Person geht, ob sie sich gut fühlt und warte, bis du ein klares »Ja« dazu empfängst, bevor du irgendetwas fortsetzt.

Verliere nie aus dem Blick, dass Sex etwas ist, das Menschen zusammen tun, um sich Freude zu bereiten und sich miteinander zu verbinden. Diese Verbindung aufrechtzuerhalten, erfordert viel Aufmerksamkeit auf gesprochener und körpersprachlicher Ebene. Gut zuzuhören ist eine Fähigkeit, die du lernen kannst. Sie erfordert Übung und absolute Aufmerksamkeit.

Nonverbale Hinweise – wie der Gesichtsausdruck, ein angespannter Körper, wenn eine Person dich eher wegstößt als an sich heranzieht oder wenn sie sich nicht bewegt – können Zeichen sein, dass eine Person sich nicht wohlfühlt und die Situation nicht genießt. Bedenke: Konsens ist ein fortwährender Prozess, der sich in jedem Moment verändern kann. Es ist also am besten, immer auf körpersprachliche Hinweise zu achten und direkte Fragen zu stellen: »Fühlt sich das immer noch gut an?«, »Möchtest du lieber etwas anderes/die Position wechseln?«, »Möchtest du eine Pause machen?«. Nachdem du eine klare Frage formuliert hast, braucht eine Person Zeit und Raum, um zu antworten. Es gibt hier keine zeitliche Begrenzung, eine Person kann so lange brauchen, wie sie benötigt, um sich ihrer Antwort sicher zu sein. Manchmal hilft eine Pause dabei, eine ansonsten aufgeheizte oder irritierende Situation zu klären. Wenn eine Person bereit ist zu antworten, ist es wichtig, dass sie die ganze erforderliche Zeit bekommt, um sich auszudrücken. Das bedeutet, dass du ihr Sprechen nicht unter- oder gar abbrechen solltest, sondern bis zum Schluss aufmerksam zuhörst. Es ist verlockend, selbst eine Antwort zu formulieren, schon während die Person noch spricht. Es führt aber dazu, dass du verpasst, was die Person eigentlich sagt, weil du nicht mit der vollen Aufmerksamkeit dabei bist. Bevor du antwortest, sollte die andere Person fertig sein und ihr Sprechen beendet haben. Es ist meistens eine gute Idee, das Gesagte erst innerlich zu verarbeiten, bevor du deine Gedanken laut aussprichst.

Wenn wir nicht die Antwort bekommen, die wir uns gewünscht oder die wir erwartet haben, ist es leicht, sich gekränkt zu fühlen (»Was?! Diese Person ist nicht an mir interessiert! Was stimmt nicht an mir?!«). Doch um gut zuzuhören, ist es erforderlich, sich nicht angegriffen zu fühlen oder die Antwort persönlich zu nehmen. Eine Frage zu stellen, bedeutet, wirklich an der Rückmeldung interessiert zu sein. Wir fragen nicht, um eine bestimmte Antwort zu erhalten. Das Ziel der zuhörenden Person ist, dass die andere/n Person/en sich ebenso gut damit fühlen können, »Nein« zu sagen, wie »Ja« zu sagen. So können wir sicher sein, dass die Antwort echt ist. Wenn irgendetwas unklar bleibt, stelle weitere Fragen und höre weiter aktiv zu.

Platz für deine Notizen:

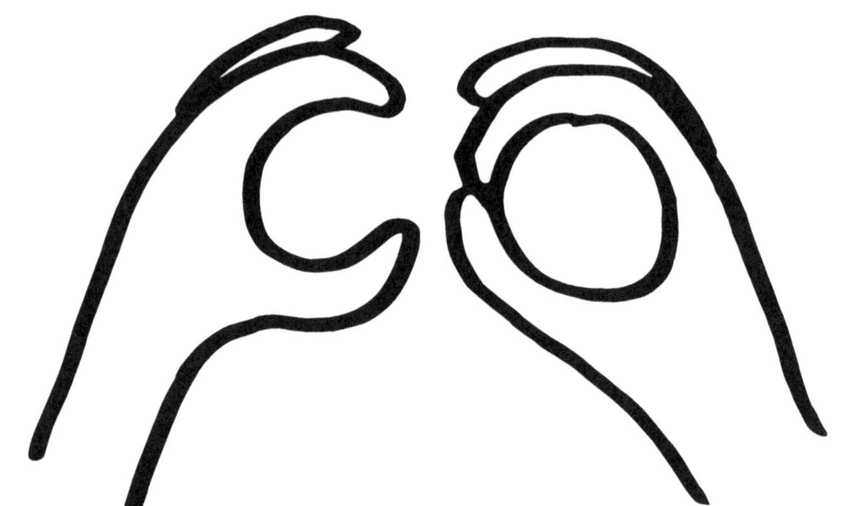

2.9 Wie gebe ich meine Zustimmung?

In einer Konsenskultur bedeutet ein »Ja« immer Ja und ein »Nein« immer Nein. Du hast immer das Recht, »Nein«, »Stop«, »Warte« usw. zu sagen und damit Gehör zu finden.

- Du gibst deine Zustimmung, indem du klar und engagiert »Ja!« sagst.

Ein Ja wird mündlich ausgedrückt, indem du deutlich hörbar »Ja« sagst. Für Menschen, die sich sprachlich anders ausdrücken, keine Lautsprache sprechen und/oder hören, körperlich anders befähigt sind, muss der verbale Ausdruck nicht die Kommunikationsform sein. Gebärdensprache oder im Vorhinein festgelegte körperliche Gesten (wie das Fallenlassen eines Taschentuchs oder bestimmte Handgesten), schriftliche Notizen mit Stift und Papier, Telefon oder anderen elektronischen Geräten sind auch Möglichkeiten, ein enthusiastisches »Ja!« zu kommunizieren. Entscheidend ist, dass ihr euch auf eine Konsenskommunikation einigt, die funktioniert, eindeutig ist und mit der sich alle sicher und sexy fühlen. Wir sollten vor dem sexuellen Abenteuer gemeinsam herausfinden und uns darüber verständigen, wie wir anderen Menschen beim Sex unser Ja vermitteln können.

Nicht jedes Ja ist gleich. Konsens ist enthusiastisch und nie passiv. Zustimmung zu geben, bedeutet, dass eine Person sich

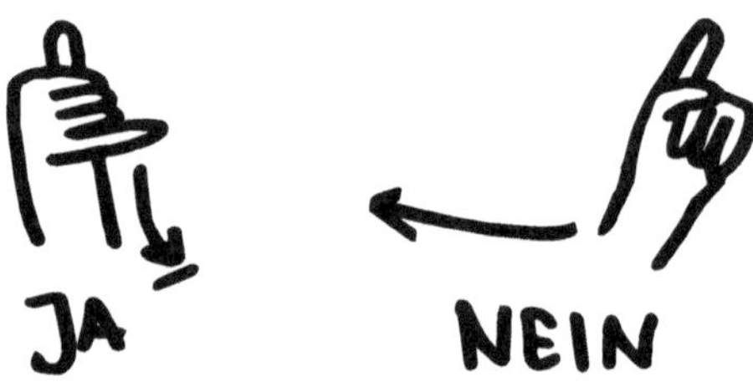

aktiv wünscht, an einer sexuellen Situation teilzunehmen. Ein »Oh ja!« ist etwas ganz anderes als ein »Mmh, ja, ok.« Wenn irgendein Zweifel am Enthusiasmus der Zustimmung besteht, ist es besser, eine Pause zu machen, Fragen zu stellen und aktiv der Antwort zuzuhören. Innezuhalten und die andere/n Person/en die sexuelle Begegnung initiieren zu lassen, ist eine weitere Möglichkeit, sicherzustellen, dass Einvernehmen besteht.

Ein »Nein« wiederum bedeutet immer Nein. Während ein »Ja« sich in jedem Moment verändern kann, bleibt ein »Nein« immer bestehen. Ein »Nein« bleibt ein Nein, bis es aktiv in ein kräftiges und einvernehmliches »Ja!« geändert wird. »Nein« bedeutet nicht, dass du erneut fragen oder es hartnäckiger versuchen sollst. Das Ziel liegt darin, dass jede Person ihr ehrlichstes und engagiertestes »Ja!« sagt, ohne dass Druck oder Erwartungen bestehen.

– Schweigen, keine Reaktion, »Vielleicht«, »Ich bin nicht sicher«, »Lass uns langsam machen«, »Warte« oder irgendeine Art von Unentschiedenheit sowie ein verbales oder nonverbales Nein sind kein Einverständnis: Es besteht kein Konsens.

Das höchste Ziel von Sex ist, dass alle Freude erfahren. Schweigen, keine Reaktion oder ein »Vielleicht« sind Anzeichen, dass die andere/n Person/en die sexuelle Erfahrung nicht genießt/genießen. Alles Geringere als Genuss ist ein Grund, sofort aufzuhören und wieder ein klares, enthusiastisches Einvernehmen herzustellen.

Es ist total okay, nicht sicher zu sein, ob du etwas tun möchtest, oder nicht sicher zu sein, was dich wirklich anmacht. Jede*r verdient so viel Zeit und Raum wie nötig, um Entscheidungen über den eigenen Körper zu treffen. Die besten Entscheidungen fallen in einer Umgebung, in der sich alle sicher fühlen. Dazu gehört, dass – egal, ob deine Antwort ein Ja oder Nein ist – die andere Person mit Respekt und Fürsorge reagiert, sich nicht angegriffen fühlt, deine Antwort persönlich nimmt oder aggressiv reagiert. »Nein« ist ein notwendiger und positiver Teil von Sex. Etwas über die Grenzen einer anderen Person zu erfahren, ist ein wichtiger Teil des Prozesses, eine Person näher kennenzulernen.

- Ein Ja kann sich jederzeit in ein Nein verwandeln – und du bist nie auf irgendeine Weise verpflichtet, weiterzumachen.

Vielleicht dachtest du, etwas würde sich gut anfühlen, aber es ist doch nicht so. Vielleicht hast du dich auf einen Moment eingelassen, der jetzt aber vorbei ist. Vielleicht fühlt es sich einfach nicht mehr richtig an. Es ist absolut egal, warum du eine Situation nicht mehr willst. Denn beim Sex gibt es keine ›Versprechungen‹. Eine Person hat jederzeit – vor, während, nach einer sexuellen Begegnung – das Recht, es sich anders zu überlegen und darin wahrgenommen und respektiert zu werden. Ein einfaches »Nein«, »Ich hab's mir anders überlegt«, »Stop«, »Ich bin nicht sicher, ob ich das will«, »Ich mag das nicht« o.ä. bedeutet, dass nicht länger Einvernehmen über die sexuelle Situation besteht. Die sexuelle Handlung muss dann sofort unterbrochen werden, bis wieder enthusiastische Zustimmung ausgesprochen wurde.

- Wenn du mit mehr als einer anderen Person Sex hast, ist es nötig, dass jede einzelne beteiligte Person klar und deutlich verbal – oder durch ein gemeinsam vereinbartes, eindeutiges Zeichen – ihr Einverständnis ausdrückt.

Bei Gruppensex ist es besonders wichtig, im Vorhinein Grenzen festzulegen und – wie immer – auch während der Begegnung fortwährend Konsens herzustellen. Auch wenn der Akt gemeinsam stattfindet, muss jede Person als Individuum mit ihren eigenen Grenzen und Begehren wahrgenommen werden. Einer Person zu etwas das Einverständnis zu geben, bedeutet nicht, dass du allen in der Gruppe dieses Einverständnis ausgesprochen hast. Die Vorlieben einer Person werden sich in der Begegnung mit verschiedenen Menschen unterscheiden. Vielleicht möchte eine Person mit einem bestimmten Menschen etwas tun, aber mit anderen Menschen nicht. Beim Gruppensex sollten alle auf die Sicherheit und das Vergnügen der anderen achten.

Bevor Gruppensex beginnt, ist es notwendig, über Grenzen zu sprechen und abzustecken, was auf gar keinen Fall geht. Ein Gespräch im Vorhinein – in Paaren oder Gruppen – könnte umfassen, was einzelne Beteiligte mögen und Personen könnten fragen: »Magst du hier ... angefasst werden?« oder »Magst du diese Art der Penetration?«

Es hilft, vor dem Sex geübt zu haben, zueinander »Nein« zu sagen. So haben sich alle daran gewöhnt, »Nein« zu sagen, zu hören und zu respektieren. Besprecht unbedingt, was eine Person tun soll, wenn sie sich in irgendeinem Moment unwohl fühlt und eine Pause braucht oder aus der Gruppenaktivität aussteigen möchte. Einen sicheren und einfachen Ausstieg aus dem Gruppensex vorzubereiten, macht es für alle bequemer, selbst wenn am Ende keine Person diesen Ausweg brauchen sollte.

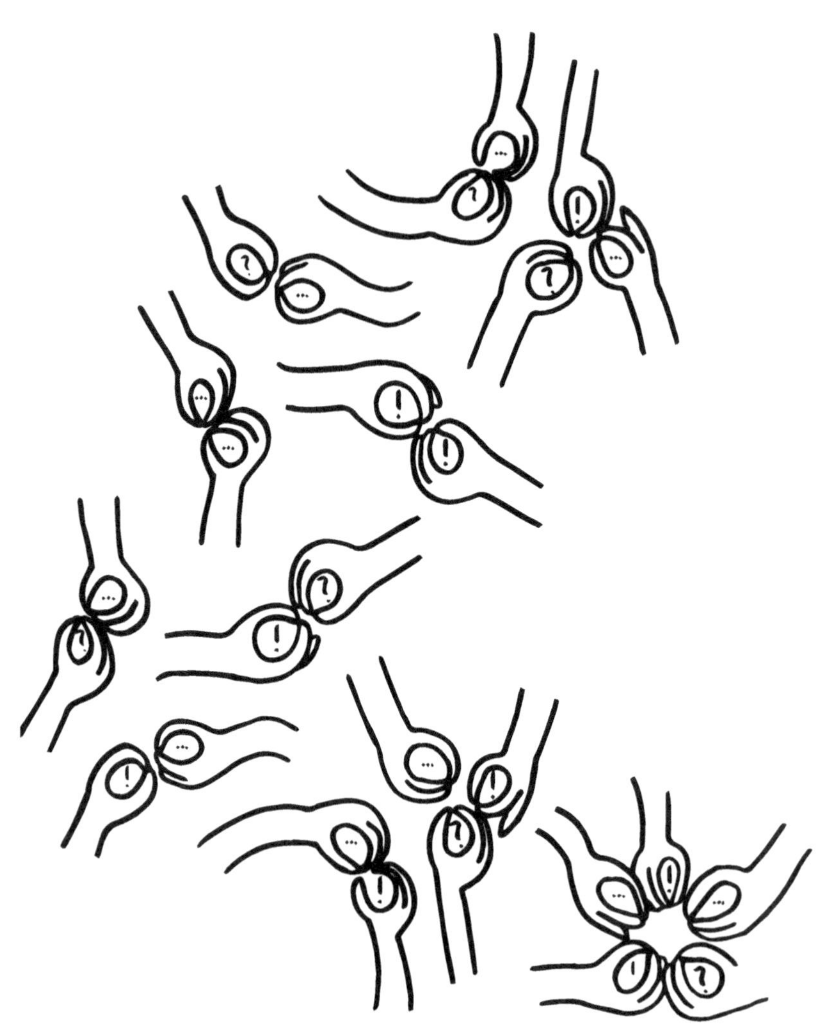

2.10 Zusammengefasst

Die Idee des Konsenses mag manchen beängstigend oder einschüchternd erscheinen: »Du meinst, eine Person kann nach dem Sex ihr Einverständnis zurückziehen?!« oder »Ich muss vor jeder einzelnen sexuellen Handlung Zustimmung einholen?!« Das liegt daran, dass wir in einer Kultur leben, in der es tatsächlich üblicher und normaler ist, übergriffig zu sein und Übergriffe zu erfahren als Einvernehmen herzustellen. Konsens bringt uns dazu, die ganze Verantwortung für uns selbst und unsere Handlungen zu übernehmen. Das ist uns allen bislang nicht als Notwendigkeit vermittelt worden. Wenn wir also befürchten, Konsens könne unsere sexuellen Erfahrungen begrenzen, dann lautet die Antwort, dass das sicherlich der Fall sein wird. Konsens beschränkt uns darauf, nur Sex zu haben, der für alle Beteiligten sicher ist und ihnen Vergnügen bereitet.

Andere sorgen sich, dass Sex durch Konsens weniger sexy sein könnte. Aber: Enthusiastisches Einvernehmen herzustellen, ist wie das Lösen eines Rätsels. Wenn du ein kräftiges »Ja!« oder ein »Voll gerne« oder ein »Fuck, yeah! Ich will mit dir Orangensaft trinken und ganz laut Phil Collins hören!« als Antwort erhältst, dann bist du sicher, dass die Tür weit offen steht und alle mit ganzem Willen und ohne Zweifel oder Zögern dabei sein wollen – du weißt, dass die andere(n) Person(en) sich gut fühlt/fühlen. Wenn du darüber nachdenkst, bedeutet das Herstellen von Einvernehmen meistens, dass du ein*e gute*r Liebhaber*in bist: Du kommunizierst, beobachtest und hast Interesse am

Vergnügen deiner Sexualpartner*in(nen). Und für wen ist das bitte keine gute Auszeichnung?

Es gibt keinen Grund, eine Sexkultur zu akzeptieren, die so häufig ungewollte Handlungen zulässt, weil schwammige Grenzen überschritten werden. Wir können diese Grenzen ziehen, sie sind verbindlich, sie sind deutlich erkennbar, sie sind kommunizierbar. Es ist selten, dass ein derart komplexes System der Unterdrückung eine so einfache Quelle der Vermittlung hat. Lasst uns nicht die Gelegenheit verpassen, einen großen Unterschied im Leben so vieler Menschen zu bewirken. Indem wir das Konzept des Konsenses verbreiten – sowohl in unserem sexuellen Verhalten als auch in allgemeineren Gesprächen mit wem auch immer –, können wir uns selbst radikal stärken, um eine Zukunft voller sexuellem Genuss zu gestalten.

Platz für deine Notizen:

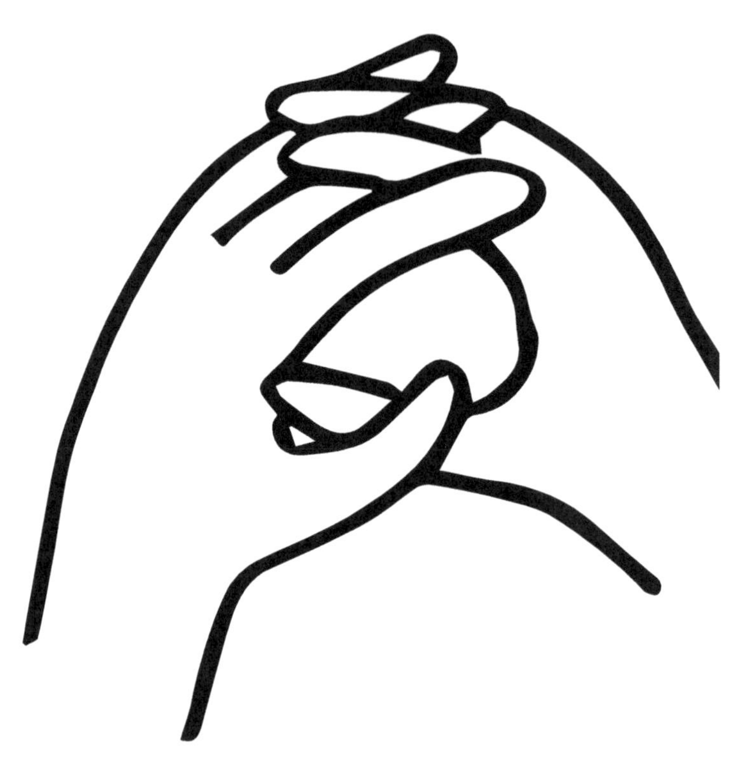

2.11 Konsens und Begehren

Konsens und Begehren sind untrennbar miteinander verknüpft, weil Konsens ein Mittel ist, unsere Begehren zu kommunizieren. Begehren bewegt uns tief im Innern. Es ist ein Rütteln, ein Hunger, ein Erdbeben, ein Feuerwerk der Nervenimpulse; erweiterte Pupillen, Gänsehaut, schwitzige Handflächen, feuchte Körper. Nichts an Begehren ist passiv (es sei denn, du stehst auf Unterwerfung im BDSM-Zusammenhang, aber das ist eine andere Geschichte). Deshalb ist auch nichts an Konsens passiv. Wir brauchen Konsens nicht, um zu begehren, aber wir brauchen Konsens, um dieses Begehren mit anderen Menschen zu teilen.

Einer anderen Person ein*e gute*r Sexualpartner*in zu sein bedeutet, sie dazu ermutigen, ihre Fantasien und Begehren zu erkunden und zu teilen. Einen geschützten Raum zu schaffen, der Menschen ermutigt, ihre Fantasien zu kommunizieren und auszuleben, erfordert, zu fragen und aktiv zuzuhören, keinen Druck auszuüben, wenn jemand unsicher ist oder sich unwohl fühlt und nicht zu urteilen. Vielleicht wurde die Person noch nie zuvor gefragt. In unserer derzeitigen Kultur ist es nicht selbstverständlich, unsere wirklichen Begehren zu verstehen. Wir werden unablässig von den Medien mit Vorgaben überhäuft, was sexy ist, was wir brauchen, was wir wollen. Es kann schwierig sein, unsere eigenen Wünsche von jenen abzugrenzen, die uns auferlegt wurden. Wenn wir unsere Begehren immerfort untersuchen und Neues ausprobieren, hilft das, im Chaos der Fantasien zu ordnen, was uns eingespeist wird und was wir im

Innern spüren. Diese Mühe nicht anzustellen bedeutet, potenzielle Partner*innen und sexuelle Erfahrungen zu verpassen, die uns wirklich zur Ekstase treiben würden.

Begehren zu entdecken und aufzudecken ist besonders wichtig für Frauen und geschlechtlich nicht-konforme Menschen, deren Sexualitäten oft übersehen werden, während das Begehren ihrer cis-männlichen Partner im Vordergrund steht. Frauen und geschlechtlich nicht-konforme Personen werden dazu ermuntert, für andere Menschen sexy zu sein, aber nicht für sich selbst. Heather Corinna schreibt in ihrem Essay »An Immodest Proposal« (dt. etwa: Ein unbescheidener Vorschlag):

> »Wir haben eine umfassende, niedergeschriebene, gefeierte Geschichte von Männern als herrschender Klasse, die über ihre eigene sexuelle Agenda ebenso verfügt wie über die von Frauen (sogar, wenn deren sexuelle Orientierung nichts mit ihnen zu tun hat); Frauen haben oft keine Stimme, wenn es darum geht, was Männer mit ihren Körpern anstellen und Sex nennen – oder, wenn ihnen diese Mitsprache gestattet wird, dann nur im Rahmen des männlichen Begehrens.«[36]

Vergewaltigungskultur vermittelt auch, dass ihr sexuelles Begehren gefährlich für Frauen und geschlechtlich nicht-konforme Personen ist, sobald es von der Hingabe für heterosexuelle cis Männer losgelöst wird, und dass eine Person es verdient, vergewaltigt zu werden, wenn sie mit vielen Menschen Sex hat. Doch alle Menschen haben das gleiche Recht, so (einvernehmlich) sexuell freizügig unterwegs zu sein, wie sie möchten.

Damit eine Person aktiv ihr Begehren ausdrücken kann, muss sie zuerst wissen, was sie anmacht und was ihr schöne Gefühle bereitet. Das erfordert die eigene Erkundung, auch als Masturbation bekannt, und Fantasie. Masturbieren und Fantasieren sind wesentliche Bestandteile im Leben der meisten Menschen (außer jener, die nicht so sexuell unterwegs sind – was auch okay ist!). Sex mit dir selbst erfordert, dass du dir Zeit und Geduld für dich nimmst – auch ein Handspiegel kann hilfreich sein. Zuallererst kannst du erkunden, wie du eigentlich aussiehst. Auch wenn du manche deiner Körperteile nicht sexuell einsetzen möchtest, ist es wichtig, mit deinem Körper vertraut zu sein. Stelle sicher, dass du an einem gemütlichen Ort bist, der sich geschützt und entspannt anfühlt. Mach' langsam und erkunde, was sich gut anfühlt und was nicht. Dich mit deinen Händen und mit Spielzeugen wie Vibratoren, Dildos, Analplugs usw. zu berühren, ist eine fantastische und spaßige Möglichkeit, deine körperliche Lust zu erkunden. Erogene Zonen oder Lustzonen sind nicht auf die Genitalien beschränkt. Jeder Körper hat seine eigenen besonders empfindsamen Stellen, die darauf warten, von dir gefunden und genossen zu werden. Schleimhautfreundliche Öle, Aloe Vera oder Gleitmittel können die Berührung und/oder das Einführen noch angenehmer machen. Es gibt keine richtige oder falsche Art, dich gut zu fühlen. Ein Körperteil zu haben – etwa eine Vagina, einen Anus, Penis, Brustwarzen usw. – bedeutet nicht, dass du es beim Sex ins Spiel bringen musst. Vergiss nicht, dass es auch keine große Sache ist, keinen Orgasmus zu haben. Das Ziel ist einfach, Freude zu haben, ohne irgendeinen Druck, irgendetwas anderes zu erfüllen.

Es ist Sex, wenn eine Person allein oder mit anderen ihren Körper erkundet. Jeder einzelne Körper ist einzigartig und hat seine eigenen einzigartigen Begehren. Wir nutzen Konsens, um diese Begehren auszudrücken, so dass niemand verlegen nach dem Sex fragen muss: »Bist du gekommen?« oder »War das gut?« Wir hatten alle schon sexuelle Erfahrungen, die weniger bereichernd waren. Wir können solche Erfahrungen überwinden und sie deutlich seltener machen. Warum sollten wir das nicht tun? Die Fähigkeit, öfter besseren Sex zu haben, liegt in unserer Reichweite. Sie erfordert bloß, dass wir miteinander sprechen.

Platz für deine Notizen:

2.12 Zu Pornografie

Tatsächlich kann uns Pornografie eine Menge über Konsens und die Gesellschaft im Allgemeinen lehren. Der Konsenskultur gilt Pornografie häufig als feindlich und als Hauptmotor der Vergewaltigungskultur. Die Mehrheit der Pornos zeigt tatsächlich ungesunde sexuelle Praktiken: von Verobjektivierung über völlig unrealistische Vorstellungen von Sex bis zu Vergewaltigung. Aber Pornografie ist eher eine Spiegelung der gesellschaftlichen Werte als deren Schöpferin. Pornos ahmen die ungesunden Machtdynamiken nach, die im Patriarchat bestehen. Pornografie hat diese gewaltvolle Unterdrückung nicht erfunden. Auch wenn es keine Pornografie gäbe, gäbe es Vergewaltigungskultur.

Wir wissen, dass Kinder schon im Alter von 8 bis 10 Jahren mit Pornografie in Kontakt kommen, was zweifellos Einfluss auf ihre sexuelle Entwicklung nimmt. Wir wissen nicht, wie viel Einfluss diese Medienart im Verhältnis zu Fernsehsendungen, Videospielen, Musik, Werbung, Social-Media-Profilen usw. hat, die ähnliche sexuelle Inhalte und die gleiche Art sozialer Beziehungen der Dominanz und Verobjektivierung zeigen. So gruselig das erscheinen mag, ist die unterschwellige Botschaft der Vergewaltigungskultur tatsächlich in jeder medialen Form zu finden.

Es ist eine extreme Herausforderung, eine beliebte romantische Komödie zu benennen, in der nicht ein Mann – ohne vorher Einvernehmen herzustellen – eine Frau zu sich zieht, um sie zu küssen oder anzufassen. Im Film wird das als ›leidenschaftlich‹ dargestellt. Das Nein einer Frau nicht als Antwort anzuerkennen, ihr nachzulaufen oder sie zu stalken, wird als heldenhaft und tapfer inszeniert. Es gibt darin Männer, die versuchen, Frauen zu überreden, mit ihnen Sex zu haben, oder Frauen, die ihre Zustimmung zurückhalten, bis eine bestimmte Handlungsfolge erfüllt ist – als wären Frauen ein Preis, den es für Männer zu gewinnen gibt.

Die immer wieder auftauchenden Vergewaltigungswitze verharmlosen die wahre Gewalt, die Überlebende von sexualisierter Gewalt erfahren. Wenn wir beginnen, diese schädlichen Erzählbilder in unseren Alltagsmedien – und nicht nur im Porno – zu erkennen, dann ist es zumindest möglich zu hinterfragen, was für eine Vorstellung von Romantik hier präsentiert wird. Was ist mit Videospielen, Sport, Musik und weiteren Bildern, die sich an Jungen und Männer richten? Die große Mehrheit davon verstärkt die Vorstellung von Männern als Macho-Maschinen, und dass Frauen und geschlechtlich nicht-konforme Personen nur dazu da sind, benutzt und missbraucht zu werden. Wie ich bereits bezüglich des Kreislaufs der Unterdrückung erwähnt habe: Je mehr gewaltvolle Szenen ein Mensch sieht, desto stärker werden sie im Alltag der Person normalisiert und verinnerlicht. Die Psychologen Edward Donnerstein, Daniel Linz und Steven Penrod haben 1987 versucht zu messen, inwiefern cis Männer von Bildern der Vergewaltigung und Gewalt gegen Frauen ›desensibilisiert‹ werden. Für ihr Buch »The Question of Pornography« (dt. etwa: Zur Frage der Pornografie) haben sie einen Versuch aufgebaut, in dem 50 cis Männer fünf Tage lang einmal täglich verschiedene Filme mit gewaltvollen Bildern gezeigt bekamen.[37] Währenddessen berichteten die untersuchten Männer von Veränderungen in ihrer Wahrnehmung der Bilder, die sie zuvor als gewaltvoll beschrieben hatten. In nur fünf Tagen beurteilten die cis Männer die weiblichen Opfer von Missbrauch und Vergewaltigung als bedeutend »weniger verletzt« als die cis Männer in der Kontrollgruppe, die diesem Material nicht ausgesetzt waren. Die Versuchspersonen wurden den Autoren zufolge weniger fähig zum Mitgefühl mit Überlebenden von Vergewaltigung. Das gewaltvolle Material, dass sie zuvor als »besorgniserregend« und »fürchterlich« beschrieben hatten, wurde jetzt als weniger schlimm beurteilt. Und diese Veränderung setzte bereits nach fünf Tagen und fünf Filmen ein. Das bedeutet, dass die Desensibilisierung stattfindet und dass sie schnell passiert; sei es durch Porno gucken oder auf irgendeinem der Millionen weiteren Wege, auf denen alltäglich Gewalt gegen Frauen und geschlechtlich nicht-konforme Menschen ausgeübt wird.

Wir sollten Zeit und Mühe investieren, um gegen diese entwürdigenden Mainstream-Medienbilder zu protestieren, um uns über ihre Auswirkungen auf Frauen, geschlechtlich nichtkonforme Menschen und Männer gleichermaßen weiterzubilden und um sie mit ethischen Alternativen zu ersetzen. Das Wohlbefinden zukünftiger Generationen hängt davon ab, dass die von uns konsumierten Medien generalüberholt werden. Während wir diese Fehlersuche und -bekämpfung fortsetzen, ist es eine unmittelbare und gleichermaßen pragmatische Möglichkeit für jede einzelne Person im Hier und Jetzt, den Unterschied zwischen der Wirklichkeit und dem medial Vermittelten zu verstehen und weiterzugeben.

Die Fähigkeit, Bildschirminhalte von der Realität unterscheiden zu können, mag zunächst einfach erscheinen. Doch Medienunternehmen haben Milliarden investiert, um eine Technologie zu schaffen, die jede Person mit Inhalten versorgt, die auf ihre

Persönlichkeit zugeschnitten sind. Wir alle sind von Werbung und Programmen umgeben, die uns vermitteln, dass unser Gerät eine Verlängerung von uns selbst ist. Menschen haben die Möglichkeit, mit Sozialen Medien und anderen Programmen ihre Wirklichkeit zu kuratieren oder neue Wirklichkeiten zu erschaffen. Das Verfolgen von und Befreunden mit anderen Social-Media-Profilen hat sogar neu bestimmt, was es heißt, neue Leute kennenzulernen. Wenn so viele Menschen mehrere Stunden am Tag an einem ihrer vielen Bildschirme verbringen, dann wird die Fähigkeit, uns von dem abzugrenzen, was wir auf jenen Bildschirmen sehen, immer unverzichtbarer. Nachdem wir einen Film über eine professionelle Bergsteigerin auf dem Mount Everest gesehen haben, würde niemand nach der Jacke greifen, ins Flugzeug steigen und das Gleiche tun wollen. Auch die Betrachtung professioneller Pornokünstler*innen beim Sex nach Drehbuch sollte niemanden glauben machen, das sei einfach nachahmbar. Es kann deutlich zur Sicherheit und zum Wohlbefinden vieler Menschen beitragen, in Gesprächen und durch Medienbildung zu lernen, wie wir die Grenze zwischen wirklichem Leben und Bildschirminhalten deutlich ziehen können.

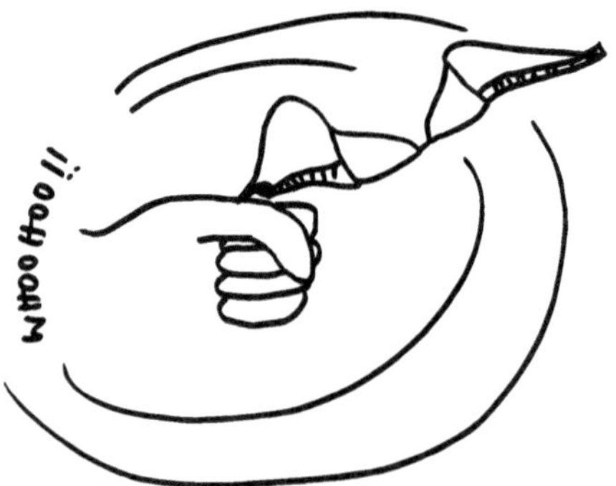

Wie bei allen Formen der Unterhaltung, wäre es weder richtig noch gerecht, dem Porno seinen Zweck abzusprechen. Porno kann Spaß machen und wirklich sehr sexy sein. Viele Menschen (einschließlich Frauen und geschlechtlich nicht-konformer Menschen) macht das an. Alle haben es verdient, persönliche Fantasien zu haben, und niemand darf für die ganz eigene kleine Perversion verurteilt werden. Manchmal Pornos zu konsumieren, kann dabei helfen, Fantasien zu frönen, ohne sie im wahren Leben ausleben zu müssen. Es gibt viele sexuelle Akte und Perversitäten, die Menschen gerne anschauen und dabei sexy finden, die sie aber gar nicht selbst ausleben möchten. Solange wir klar zwischen dem wirklichen Leben und den Darstellungen auf dem Bildschirm unterscheiden können, kann Porno ein gesunder Teil einer sexuellen Psyche sein.

Zudem ist ziemlich eindeutig, dass wir die Pornoindustrie nicht einfach loswerden: Sie fährt jährlich Milliarden über Milliarden von Gewinnen ein und ist weltweit eine der treibenden Kräfte der Technologieentwicklung. Schnelles Internet, bessere Videokameras und Webcams, Pop-Up-Werbung – ja, all dies haben wir auch der Nachfrage nach Pornografie zu verdanken. Jedoch können wir Pornos verantwortlich konsumieren. Ethisch mit Pornografie umzugehen, trägt dazu bei, die Porno-Industrie ethischer zu machen. Das bedeutet, dass wir für Pornos bezahlen und sie nicht von YouTube-Streaming-Seiten wie PornHub herunterladen. Wenn du nicht leicht herausfinden kannst, welche Firma den Porno produziert hat, den du anschaust, dann ist es sehr wahrscheinlich, dass du ihn von einer solchen Streaming-Seite hast. So kannst du weder Informationen über die Standards dieser bestimmten Produktionsfirma finden noch kannst du erfahren, ob die ursprünglichen Macher*innen oder die Teilnehmenden an dem Film irgendeine Kompensation dafür erhalten, dass du den Film sehen kannst. Direkt für Pornos zu bezahlen ist entscheidend, weil es eine legale Spur hinterlässt, was bedeutet, dass der Film rechtlichen Regelungen genügen muss: etwa, dass die Darsteller*innen auf sexuell übertragbare Krankheiten getestet werden; dass sie volljährig sind; dass die Darsteller*innen auf offiziellen Formularen der Veröffentlichung ihres Bildes zugestimmt haben; dass grundlegende Arbeitsrechte eingehalten werden usw. Wenn du nicht sicher bist, wie du direkt Geld an Darsteller*innen oder Filmfirmen geben kannst, folge Schauspieler*innen und Regisseur*innen, die du magst, in den Sozialen Medien, folge ihren Filmen und bezahle sie direkt für ihre Filme. Schauspieler*innen in den Sozialen Medien zu folgen, kann auch dabei helfen, zu erkennen, ob sie volljährig sind. Für einen ethischen Umgang mit Pornografie ist es selbstverständlich, ausschließlich Filme anzuschauen, an denen einverstandene Erwachsene mit Arbeitsrechten beteiligt sind.

Die Pornos selbst gut auszuwählen und gezielt ethische Pornografie anzuschauen, ist eine weitere Möglichkeit, um das Narrativ der Pornoindustrie zu verändern. Chanel Preston, Pornostar und Vorsitzende des Adult Performer Advocacy Committee, einer Interessenvertretung von und für Pornodarsteller*innen, sagt:

> »Es gibt zwei Merkmale, die meines Erachtens sicherstellen, dass ein Porno ethisch produziert wurde: Die darstellende Person sollte informiert, einverstanden und erwachsen sein – und sie sollte am Set ethisch behandelt werden.«[38]

Das bedeutet, dass – auch bei der Darstellung nicht-einvernehmlicher Akte – im ethischen Porno die Schauspieler*innen ihr Einverständnis zu diesen sexuellen Akten nach Drehbuch gegeben haben; eine wichtige Unterscheidung. Nehmen wir etwa BDSM-Pornografie, zu der die ethischsten Pornofilme überhaupt gehören. Weil BDSM einen extremen Machtaustausch beinhaltet, der oft mit körperlicher Gewalt einhergeht, finden vor dem Filmen intensive und genaue Sitzungen zur Konsensherstellung statt. Bestimmte Firmen wie kink.com fügen ihren Videos die gesamten Vor- und Nachgespräche bei, in denen die Schauspieler*innen miteinander einen Konsens aushandeln und sich nach dem Filmen umeinander kümmern (leider werden diese Teile meist herausgeschnitten, sobald die Filme illegal auf Streamingseiten heruntergeladen wurden). Zwei professionellen Sexarbeiter*innen dabei zuzusehen, wie sie auf professionelle Weise Konsens aushandeln, setzt die angeschaute sexuelle Situation in einen Kontext, stellt die ethische Herstellung des Pornos sicher und zeigt uns sogar ganz nützlich, wie wir in unseren eigenen Leben Einverständnis einholen können.

Ethische Pornografie zu fördern, erschöpft sich nicht darin, sie anzuschauen. Wir müssen auch dafür bezahlen und jene um uns herum (junge Erwachsene, Freund*innen, Partner*innen usw.) dazu ermutigen, für ethisch produzierte Pornos zu bezahlen, die Frauen und geschlechtlich nicht-konforme Personen in Machtpositionen, auf positive Weise und in gesunden sexuellen Beziehungen darstellen. Ethische Pornografie existiert, sie ist vielfältig und nicht schwer zu finden. Einige beliebte ethische Porno-Seiten sind Kink.com, Pink & White Productions (crashpadseries.com), Bright Desire, Adam & Eve, commonsensual.com, Burning Angel, KJD Media, Wicked, Trouble Films und Brazzers. Webseiten wie feministpornawards.com sind ebenfalls Schatzkisten voller Informationen über Produzent*innen, Schauspieler*innen und Filme des feministischen Pornos. Den Feminist Porn Awards zufolge erfüllt feministischer Porno folgende Kriterien:

> »Die Schauspieler*innen werden respektvoll behandelt, gerecht bezahlt, haben Auswahlmöglichkeiten und ethische Arbeitsbedingungen, werden in ihrer Arbeit ermächtigt. Regisseur*innen arbeiten mit den Schauspieler*innen zusammen und bauen deren eigene sexuelle Begehren und Fantasien in den Film ein (was auch für bessere Szenen sorgt!). Feministischer Porno erweitert die Grenzen der sexuellen Repräsentation im Film und fordert Stereotype heraus, besonders die von Frauen und marginalisierten Bevölkerungsgruppen. Er bildet realistisches Vergnügen ab. Je mehr Menschen in diese Art von Pornographie investieren, indem sie dafür bezahlen, desto mehr Anreiz entsteht für die Industrie, sich einem ähnlichen Modell der ethischen und feministischen Pornographie anzunähern.«[39]

Definitiv trägt es weder zur Verbesserung noch zur Abschaffung der Pornoindustrie bei, die Menschen zu verurteilen, die in Pornografie und Sexarbeit tätig sind (in der Mehrzahl Frauen). Pornoschauspielerinnen* und andere Sexarbeiterinnen* weiter in ihrer Arbeit zu stigmatisieren, setzt sie noch stärker der Gefahr von Gewalt aus. Susan Lopez, die seit 15 Jahren in der Sexarbeit tätig ist, sagt in ihrem Interview für den Essay »Who're you Calling a Whore?: A Conversation with Three Sex Workers on Sexuality, Empowerment, and the Industry« (dt. etwa: Wen nennst du Hure? – Drei Sexarbeiterinnen* im Gespräch über Sexualität, Ermächtigung und ihre Branche):

> »Die Kriminalisierung von Sexarbeit schafft eine ziemlich große – und vergeschlechtlichte – Klasse von Leuten, die als kriminell betrachtet werden. Und die Stigmatisierung von Huren trägt zu der Haltung bei, dass es in Ordnung sei, uns Gewalt anzutun.«[40]

Solange es eine Sexindustrie gibt, müssen Sexarbeiter*innen von der Gesetzgebung gestärkt und bei der Arbeit abgesichert werden. Gesetze und Bedingungen rund um Sexarbeit müssen von Sexarbeiter*innen selbst mitgestaltet werden – es ist unlogisch, wenn Menschen, die keinerlei Erfahrung in diesem bestimmten Bereich haben und nicht zu dieser Community gehören, darüber Entscheidungen treffen und ihn gestalten.

Die Pornoindustrie als Ganzes sollte für ihr Material kritisch in den Blick genommen werden und dafür, wie sie zur Vergewaltigungskultur beiträgt – genauso wie alle anderen gesellschaftlichen Bereiche. Wenn wir Pornografie also genauer in Betracht nehmen, wird deutlich, dass die Vergewaltigungskultur in dieser Industrie sich nicht allzu stark von den meisten anderen popkulturellen Bereichen unterscheidet, die wir bereitwillig konsumieren. Porno als Sündenbock für Vergewaltigungen zu nutzen, verkennt, wie verbreitet die Vergewaltigungskultur ist und wie tief sie sitzt. Deshalb müssen wir uns intensiv für Möglichkeiten engagieren, die Wirklichkeit von dem abzugrenzen, was wir auf den Bildschirmen sehen. Wir müssen Menschen vermitteln, wie sie durch Konsens auf sichere und liebevolle Weise ihren Fantasien nachgehen können. Derweil müssen wir verhindern, dass Sexarbeiter*innen verurteilt und beschämt werden, was sie im Endeffekt noch mehr der Gefahr aussetzt, sexualisierte und andere Gewalt zu erfahren. Anstatt einzelne Symptome anzugreifen, die sich aus dem kapitalistischen Patriarchat speisen, müssen wir die patriarchale Maschinerie als Ganzes angreifen. Dieser Kampf erfordert so viele Verbündete wie möglich, einschließlich und besonders die Menschen, die in der Porno- und allen anderen Sexindustrien arbeiten.

Platz für deine Notizen:

3 Konsens im Alltag

JAN
FEB
MRZ
APR
MAI
JUN
JUL
AUG
SEP
OKT
NOV
DEZ

3.1 Konsens jenseits von Sex

Konsens ist der Ausgangspunkt für sexuelle Begegnungen; das mächtigste Werkzeug in der Landschaft des Sex. Wie ich in den letzten Kapiteln ausgeführt habe, müssen wir für den Weg zum Konsens wissen, wie und was wir eine andere Person fragen können, und der Antwort aktiv zuhören und Respekt entgegenbringen. Vielleicht erscheint es zu offensichtlich, um es sagen zu müssen, aber diese Form der Interaktion beschränkt sich natürlich nicht aufs Schlafzimmer. In jeder Art der körperlichen und nicht-körperlichen Interaktion mit Menschen fördert Konsens die Selbstbestimmung, die Kommunikation und die Sicherheit.

Das Konsensprinzip gilt über sexuelle Berührungen hinaus auch für Berührungen im Allgemeinen. Es ist eine interessante und oft aufschlussreiche Herausforderung, sich 24 Stunden lang extrem bewusst über jede Berührung zu sein: Wen berührst du und wer berührt dich? Verbringe dann 24 Stunden, in denen du jedes einzelne Mal das Einverständnis der anderen Person einholst, bevor du sie berührst. Musstest du viel fragen? War das schwierig? Warum?

Monica Rivera vom Women and Gender Advocacy Center an der Colorado State University in den USA hat ein ähnliches Experiment mit Hunderten ihrer Student*innen durchgeführt und durchgängig Unterschiede in den Antworten je nach Geschlecht (hier: einem der zwei binären Geschlechter) festgestellt.[41] Die Frauen berichteten, über den Tag hinweg häufig berührt worden zu sein, während die Männer berichteten, häufig andere anzufassen. Bezüglich des Nachfragens hatten die Frauen Sorge, Menschen anzugreifen oder ›gemein‹ zu sein, indem sie um Konsens baten. Frauen und geschlechtlich nichtkonforme Personen belastet häufig die Vorstellung, ›nett‹ sein zu müssen – und dieses ›Nett-Sein‹ bringt ihre körperliche Selbstbestimmung (und ihre Sicherheit) sogar in Gefahr. Rivera fand auch heraus, dass die andere Person, wenn sie um ihr Einverständnis gebeten wurde, sich umso angegriffener fühlte, je enger die Beziehung zwischen den Personen war. Diese Abwehr von geliebten Menschen hat weniger mit guten oder schlechten Absichten zu tun als mit der Tatsache, dass viele Menschen fälschlicherweise Liebe und Fürsorge mit ihren eigenen Vorannahmen gleichsetzen anstatt mit gegenseitigem Einvernehmen.

Die einzige Möglichkeit, Konsens in unsere Kultur einzuführen, liegt darin, einvernehmliches Handeln zu üben. Und es gibt keinen besseren Ort dafür als die Interaktion mit Menschen, mit denen du bereits eine Beziehung aufgebaut hast. Stelle (unter den angemessenen Umständen) Fragen wie: »Darf ich dich umarmen?«, »Möchtest du einen Kuss auf die Wange, die Hände schütteln oder gar nichts?«, »Darf ich dein Haar anfassen?«, »Ich finde deine Ohrringe toll, darf ich sie anfassen?« usw. Halte einen Moment inne. Als Bonus können diese einfachen Fragen auch ein Gespräch über Konsens anregen. Zumal es viel leichter wird, andere um dieselbe Haltung zu bitten, wenn du bereits Konsens praktizierst. Du könntest fragen: »Könntest du mich bitte um mein Einverständnis bitten, bevor du mich anfasst? Ich werde es genauso tun.«

Je mehr wir dieses Einvernehmen praktizieren, desto einfacher wird es – und es gibt viele Übungsmöglichkeiten in alltäglichen, nicht-körperlichen Situationen. Alle haben eine*n Freund*in oder eine Person in der Familie, die uns zu irgendetwas antreibt – »Du bist so langsam! Mach es einfach!« – obwohl unser Bauchgefühl uns sagt, es absolut nicht zu tun. Einvernehmliche Unterhaltungen schaffen Raum, in dem eine Person eine Entscheidung treffen kann, die auf ihren eigenen Wünschen und Bedürfnissen beruht.

Der Prozess hin zum Einvernehmen ist eine Art Rückkopplungsschleife, in der wir immer wieder mit uns selbst und anderen Rücksprache darüber halten, wie wir einen geschützten Raum schaffen können, in dem sich Menschen wohlfühlen und frei ausdrücken können. Es geht auch darum, Machtstrukturen zu erkennen, um zu wissen, wer mehr zuhören und wem mehr Raum zum Sprechen zukommen sollte; wann und wie wir Fragen stellen und wie wir der Antwort zuhören können, ohne sie persönlich zu nehmen. Und selbstverständlich gilt es, niemals eine Vorannahme zu treffen oder zu handeln, bevor du gefragt hast.

Konsens erfordert, dass wir die Vorannahmen, die wir treffen oder die über uns getroffen werden, aktiv wahrnehmen und darüber nachdenken, wo diese Stereotype herkommen. Wenn wir uns einmal der Stereotype bewusst sind, die am tiefsten in unseren Vorstellungen von bestimmten Identitäten von Menschen eingeschrieben sind, dann müssen wir sie hinterfragen. Das Konsensprinzip lässt uns anderen Menschen die Gelegenheit geben, ihre eigenen und tatsächlichen Identitäten zum Ausdruck zu bringen: indem wir Fragen über sie und ihre Vorlieben stellen; indem wir aufhören, von bestimmten Menschen bestimmte Eigenschaften zu erwarten; und indem wir uns der wunderbaren Vielfalt und Vielschichtigkeit von Menschen öffnen.

Ein weiteres gewöhnliches Beispiel, das vertraut klingen könnte, ist Folgendes: Eine Person, mit der du eine sexuelle Begegnung hattest, erzählt einer anderen Person von der Erfahrung – sei es etwas über deinen Körper, deine Fähigkeiten im Bett oder andere intime Details – ohne dich zu fragen. Auch wenn alles, was gesagt wurde, ›positiv‹ war und die sexuelle Erfahrung in der Situation einvernehmlich zwischen den Beteiligten abgelaufen ist, erstreckt sich dieser Konsens eben nicht auf irgendeine andere Person als die Beteiligten. Wie die Einverständniserklärungen bei Ärzt*innen, wird die miteinander geteilte Information nicht an Dritte weitergegeben. Oder: Womöglich hast du zugestimmt, eine Person bei einer Arbeit an einem Projekt zu unterstützen und seitdem lagert sie weiterhin Mehrarbeit auf dir ab. Einer Sache ein Mal zuzustimmen – etwa, jemandem zu helfen – bedeutet nicht, dass du das unendlich fortsetzen musst. Ein anderes Beispiel ist der fremde Mann auf der Straße, der zu einer Frau sagt: »Hey, zeig mir dein schönes Lächeln!«; oder die Person, die ungefragt und beharrlich etwas von dir einfordert: »Oh, wo ich herkomme, umarmen wir uns! Gib mir eine Umarmung!« Wenn wir anfangen, darüber nachzudenken, sind wir erstaunt, wie häufig wir jeden Tag die Möglichkeit haben, durch Einvernehmen Beziehungen zu verbessern.

Es ist klar, dass Konsens in sexuellen Begegnungen fehlt, weil Konsens in Begegnungen im Allgemeinen fehlt. Das Ausmaß dieses Problems deutet an, dass es sich nicht um das Problem einer Einzelperson oder von hundert Personen handelt, sondern um ein allgemeines Bildungsproblem. Wir können die klare Forderung nach Konsens auf möglichst vielen Wegen vermitteln: romantisch, familiär, zwischenmenschlich, beruflich, durch formelle Bildung usw. Überall, wo es die Gelegenheit gibt, eine Entscheidung für eine andere Person zu treffen, kann Konsens als Mittel der Ermächtigung anstelle der Entmündigung eingesetzt werden. Und falls du einen Grund brauchst, andere zu stärken, bedenke, dass dein Einsatz des Konsens-Konzepts dir die Tür dafür öffnet, mit dem gleichen Maß an Integrität behandelt zu werden.

Es mag beängstigend klingen, doch sexueller Konsens kann erst dann Wurzeln schlagen, wenn die Saat des Konsenses tief in den Strukturen unserer Gesellschaft eingepflanzt wurde. Es gilt, Menschen aller Altersgruppen über Konsens aufzuklären – nicht nur über sexuellen Konsens, sondern über Konsens im Allgemeinen. Ganz unmittelbar müssen wir selbst dafür Verantwortung übernehmen, bessere Fragen zu stellen und den Antworten gut zuzuhören, Privilegien und Unterdrückung zu verstehen und keine Voranahmen oder Vereinfachungen zu treffen. Jetzt ist der beste Moment für uns alle, unsere Worte in die Tat umzusetzen.

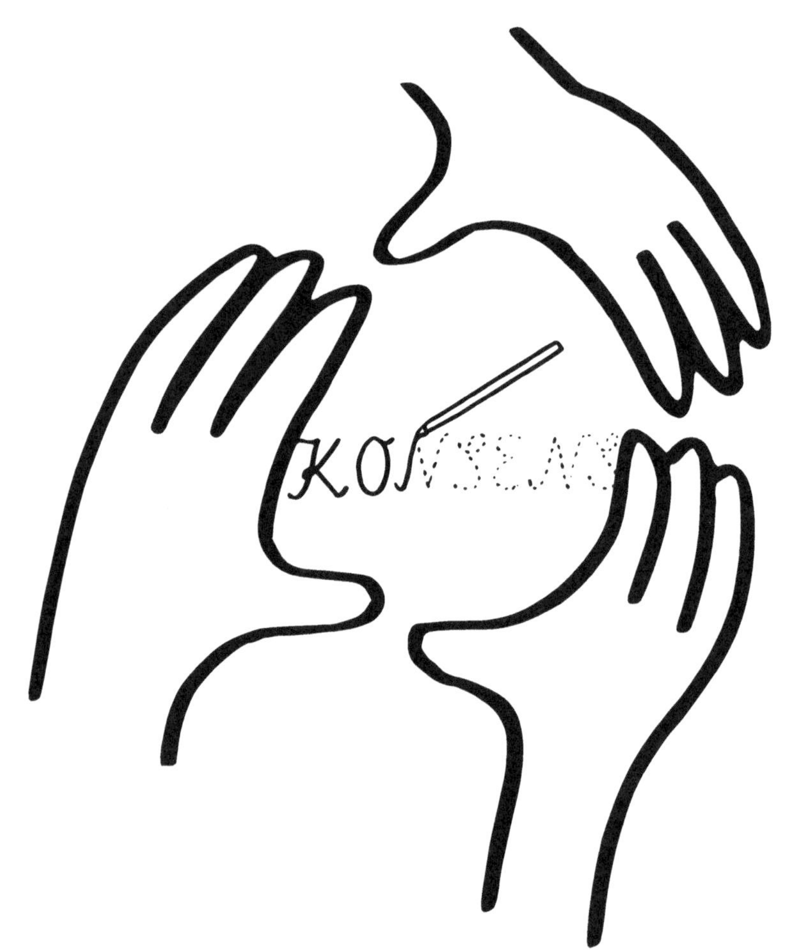
KONSENS

3.2 Schulische Bildung zu Konsens

Information ist unsere mächtigste Waffe gegen sexualisierte Gewalt. Ohne verpflichtende Bildungsprogramme über Sexualität in Schulen werden Kinder der sexuellen Wissensvermittlung durch Freund*innen und/oder Familie überlassen – vor allem jedoch durch Internetquellen, d.h. vor allem durch Pornos. Es kann nur positiv bewertet werden, jungen Leuten so viele Ressourcen wie möglich an die Hand zu geben, auf deren Grundlage sie wohlinformierte Entscheidungen bezüglich Sex treffen können. Schüler*innen haben das Recht, Informationen zu allen Anwendungsgebieten ihrer Leben vermittelt zu bekommen. Schüler*innen (sowie ihre Eltern und andere Bezugspersonen) sollten durch Proteste und Petitionen darauf beharren, dass sexuelle Bildung ein regulärer Teil der alltäglichen Schulbildung ist. Sexuelle Bildung als Teil des schulischen Lehrplans hilft auch dabei, Sex weniger zu stigmatisieren und macht es jungen Menschen leichter, nach Hilfe zu fragen, wenn sie sie brauchen sollten. Schulen müssen sichere Häfen für Kinder sein, wo sie nicht nur Fragen über das Rechnen oder Latein stellen können, sondern auch über ihr körperliches Selbst. Dieser Unterricht muss von Lehrer*innen oder anderem Lehrpersonal durchgeführt werden, die spezialisiert ausgebildet wurden oder von spezialisierten Trainer*innen. Regierungen und Nichtregierungsorganisationen müssen die Herstellung von einfach verständlichem Material ebenso finanzieren wie den Lehrplan zu sexueller Bildung selbst. Idealerweise beruht dieser Unterricht auf einem sex-positiven Ansatz und erklärt niemanden aufgrund von sexueller Orientierung oder Geschlecht zum Anderen. Konsens sollte hierin als Grundlage jeder sexuellen Erfahrung vermittelt werden. Der sex-positive Ansatz entspringt einer sozialen und philosophischen Bewegung, die unterschiedlich ausgelegt wird, im Wesentlichen aber darin besteht, Sex als einen gesunden und genüsslichen Bestandteil im Leben von Menschen zu verstehen, die sexuellen Praktiken anderer ohne moralische Urteile zu akzeptieren (solange sie geschützt und einvernehmlich praktiziert werden), geschützten Sex zu praktizieren und offen für ein stetes Lernen über Sex, sexuelle Orientierungen und Geschlechter zu sein.

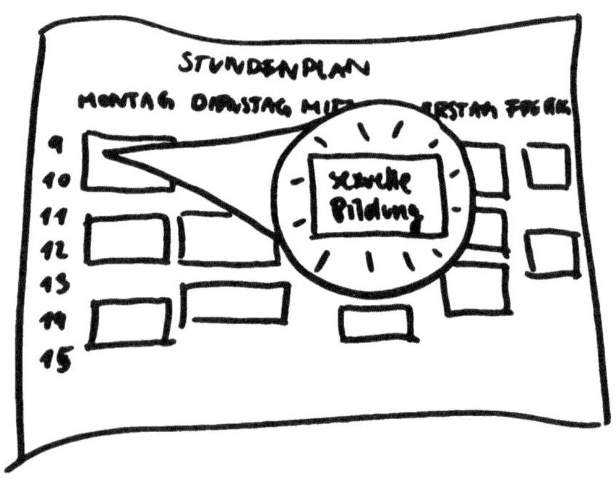

Ein anderer Teil unseres Lernens über unsere Körper ist unsere Bildung über die Macht und Kraft, die wir alle innehaben, und wie wir diese nutzen können. Sicherzustellen, dass alle einen Selbstverteidigungskurs besuchen können, ist psychologisch und körperlich gleichermaßen wichtig. Jeder Person das

Selbstvertrauen zu geben, dass sie, unabhängig von ihrem Körper, stark genug ist, sich selbst zu schützen, dass es keinen ›schwachen‹ Körper gibt, kann für manche die Furcht vor Übergriffen lindern. Männer können vermittelt bekommen, dass ›Starksein‹ bedeutet, Stärke zu nutzen, um andere zu schützen und zu verteidigen. Frauen und geschlechtlich nicht-konforme Personen können lernen, dass ihre Körper nicht ihre Sicherheit beschränken, sondern sie erweitern. Das ist ein mächtiges Gefühl, das bei Weitem nicht oft genug zum Ausdruck kommt. Und die wiederholte Übung und Visualisierung von strategischer Selbstverteidigung ist der einzige Weg, um sicherzustellen, dass eine Person sie im Moment einer gefährlichen Situation einsetzen kann.

Auf einer nicht-körperlichen Ebene ist auch die Intervention durch Dritte – also Beobachter*innen – eine Möglichkeit für Schüler*innen, sich aktiv für ein Ende der sexualisierten Gewalt und Vergewaltigung einzusetzen. Im Allgemeinen ist ein*e Beobachter*in eine Person, die in einer Situation oder bei einem Ereignis anwesend, aber nicht direkt beteiligt ist. Diese Person kann sich entscheiden, aktiv in die Situation einzugreifen. Jungen Erwachsenen – insbesondere Männern – zu vermitteln, wie sie sich aktiv am Kampf gegen Vergewaltigung beteiligen können, ist deutlich produktiver als ihnen bloß zu sagen, dass sie nicht vergewaltigen sollen. Richard M. Wright erklärt in seinem Essay »Rehearsing Consent Culture: Revolutionary Playtime« (dt. etwa: Konsens als Kultur erproben – Zeit für revolutionäres Spielen):

> »Wir können Jugendlichen sagen, dass sie im Grunde ›künftige Vergewaltiger‹ sind (…) oder wir können ihnen sagen, dass wir wissen, dass sie intervenieren würden, wenn sie sehen, dass einer Person Leid zugefügt wird und dass wir sie darin stärken wollen, als unbeteiligte Beobachter einzugreifen.«[42]

Anastasia Powell hat im Auftrag der australischen Regierung 2014 eine sorgfältige und nützliche Anleitung mit dem Titel »Bystander approaches. Responding to and preventing men's sexual violence against women« (dt. etwa: Herangehensweisen für unbeteiligte Beobachter*innen – Reaktionen und Prävention von männlicher sexualisierter Gewalt gegen Frauen) veröffentlicht.[43] Im Unterkapitel »Bystander interventions and preventing sexual violence« (dt. etwa: Interventionen für unbeteiligte Dritte zur Vorbeugung von sexualisierter Gewalt) werden Strategien und Statistiken skizziert, die sich mit dem Eingreifen in sexualisiert gewaltvolle Situationen durch zuvor unbeteiligte Jugendliche beschäftigen. In diesem Bericht werden die möglichen Interventionen durch Dritte in vier einfach verständliche Kategorien gegliedert:

> »Während einige Formen des Handelns durch Dritte darauf abzielen, gewaltvolles Verhalten in dem Moment zu beenden, in dem es stattfindet (Intervention/Eingreifen); beabsichtigen andere, wiederkehrender Gewalt vorzubeugen oder die Auswirkungen von stattgefundener Gewalt zu verringern (tertiäre Prävention) oder eine Situation anzusprechen, in der es ein erhöhtes Risiko für Gewaltgeschehen gibt (sekundäre Prävention); und schließlich sollen manche die gesellschaftlichen Normen und Haltungen anfechten, die sexualisierte Gewalt in der Nachbarschaft und Gemeinschaft verstärken (primäre Prävention).«[44]

Im Sinne einer tertiären Prävention einzugreifen, kann bedeuten: eine*n Lehrer*in, Sicherheitspersonal oder eine andere Autoritätsperson zu einer gefährlichen Situation herbeiholen; das Opfer von sexualisierter Gewalt unterstützen, indem du öffentlich sagst, dass du der Geschichte Glauben schenkst und den Vorfall verurteilst, oder indem du sogar den Täter* der Gewalt konfrontierst. Sekundäre Prävention könnte sein: auf einer Party die Augen offen halten; anbieten, eine Person nach Hause zu bringen; oder ein Gespräch mit einer Person anfangen, die in Gefahr zu sein scheint. Ein einfacher Satz wie: »Hey, das ist nicht lustig«, mit dem sexistische Sprache und Denken direkt angefochten werden kann, würde wiederum als primäre Prävention erachtet. Um Intervention durch Dritte zu lehren, könnten Beispiele von den verschiedenen Kategorien der Prävention vermittelt und in nachgestellten Szenen erprobt werden. Gemeinsam können diese vier Ebenen der Intervention durch Dritte gesellschaftliche Normen verschieben, indem sie ein System der Verantwortlichkeit unter den Gleichaltrigen schaffen. Junge Menschen intervenieren wahrscheinlicher, wenn sie keine

Angst haben, dafür von Gleichaltrigen bestraft zu werden. Für junge Männer wiegt dieser Druck, von ihren männlichen Gleichaltrigen als ›richtiger Mann‹ gesehen zu werden, besonders schwer. Stell' dir vor, Männer müssten nicht um ihren Ruf fürchten, wenn sie niemanden zum Sex überreden bzw. nötigen, sondern dann, wenn sie so etwas tun. Tatsächlich ist das Eingreifen durch Dritte so nützlich, dass alle Menschen auf diese Techniken zurückgreifen können sollten. Wenn die Fähigkeiten zur Intervention schon im jungen Alter vermittelt und erlernt werden, wird sichergestellt, dass Menschen auch im Erwachsenenalter in alle möglichen Situationen erfolgreich eingreifen können. Neben sexualisierter Gewalt sind diese Fähigkeiten auch extrem nützlich, wenn unbeteiligte Dritte in Polizeigewalt, Rassismus, Sexismus, *Homophobie* eingreifen oder auf andere Formen der Unterdrückung reagieren oder diesen vorbeugen möchten.

In einer kapitalistischen Gesellschaft ist es immer gut zu erwähnen, dass Bildung fast nichts kostet, während die Vorteile von Bildung gegen Vergewaltigung und für Konsens unbezahlbar sind. Wenn wir trotzdem einen Preis benennen sollten, wäre dieser sehr hoch. Präventionsarbeit ist immer kosteneffizienter als die Behandlung einzelner Folgesymptome. Anstatt Geld in Gefängnis- und Justizsysteme zu pumpen, ist der Fokus, die Menschen zu erreichen, bevor sie Gewalt ausüben, sowohl aus ökonomischer als auch aus ethischer Sicht vorzuziehen.

Platz für deine Notizen:

NINE

ICH

GESCHWISTER

MAMA

MAMI

3.3 Konsens und Familien

Herkunftsfamilien, die leiblich und/oder durch Eheschließung miteinander verbunden sind, können als Gegenteil von Konsens erscheinen: Niemand sucht sich die eigene Herkunftsfamilie aus oder entscheidet sich dafür, überhaupt geboren zu werden. Viele Kulturen folgen zudem einer Tradition, in der die ›Familie an erster Stelle‹ steht und die Herkunftsfamilie hingenommen und ertragen werden sollte, egal was passiert. Im schlimmsten Fall kann dieser Mangel an Konsens ein Nährboden für vergiftete und gewaltvolle Beziehungen und Missbrauch sein. Am anderen Ende des Spektrums kann Familie einer der mächtigsten Lernorte für gesunde, einvernehmliche und stabile Beziehungen sein.

Idealerweise lehrt uns unsere Familie als erstes und vorrangig Menschlichkeit. Es ist egal, ob diese Familie eine Herkunftsfamilie oder eine *Wahlfamilie* ist – also eine Gruppe von Menschen, die einander ausgewählt haben, um einander ein materielles und emotionales Unterstützungssystem zu sein. Lernen in der Familie beginnt mit dem ersten Tag. Wie beim Konzept der Freundlichkeit und der Güte lernen wir nicht aus einem einzelnen Gespräch, sondern aus Hunderten und Tausenden von Lernmomenten und aus Erfahrungen, die wir in unserem ganzen Leben machen. Schon ab einem sehr jungen Alter haben Familien die Macht, Konsens und körperliche Selbstbestimmung zu vermitteln, indem sie sie in ihrem Alltag praktizieren. Ein vertrautes Beispiel ist das berüchtigte »Gib ____ einen Kuss!«, das viele von uns schon gehört haben. Beim Begrüßen und Verabschieden ist es üblich, dass von Kindern gefordert wird, den Erwachsenen körperliche Zuneigung zu zeigen. Normalerweise stimmt das Kind zu – oder es weigert sich und wird trotzdem gezwungen, die Person zu küssen und/oder zu umarmen. Während das leicht als Kleinigkeit abgetan wird, zeigt es Kindern, dass sie nicht selbst über ihren Körper bestimmen; dass eine Person, die aufgrund ihres Alters oder ihrer Beziehung zu ihnen in einer Machtposition steht, Entscheidungen über ihren Körper treffen kann. Es kann schwierig sein, ein »Nein danke« als Reaktion auf die Bitte um eine Umarmung eines geliebten Menschen zu erhalten und verlockend, zu versuchen, diesen Menschen zu etwas anderem zu überreden. Diese Gelegenheiten, ein »Nein« zu hören und zu respektieren, sind wesentlich, damit Familienmitglieder Konsens lernen und dann auch in anderen Situationen anwenden können. Jedes Mal, wenn eine Familie das Konzept der Selbstbestimmung stärken kann und es tut, steigert das die Sicherheit der einzelnen Person, indem sie sich mental und körperlich in ihren Entscheidungen selbst bewusst wird.

Im klassischen Szenario des »Gib ___ einen Kuss!« könnten Kinder stattdessen selbstbestimmte Auswahlmöglichkeiten erhalten und z.B. gesagt bekommen: »Möchtest du hier jemanden umarmen, küssen oder mit jemandem einschlagen?« Monica Rivera vom Women and Gender Advocacy Center an der Colorado State University in den USA spricht in ihrem TEDx-Talk »Body Sovereignty and Kids: How can we cultivate a culture of consent« (dt. etwa: Körperliche Selbstbestimmung und Kinder – Zur Pflege einer Konsenskultur) über den Erfolg dieser Methode mit ihren zwei kleinen Söhnen.[45] Das Kind darf hier nicht nur entscheiden, ob es jemandem körperlich begegnen möchte, sondern auch, wie es das möchte. Die Hauptidee dahinter ist, dass es die Wahl hat, wenn es um den eigenen Körper geht (die Sicherheit des Kindes bleibt dabei selbstverständlich im Blick). Wir können dieses ›Die-Wahl-Lassen‹ auf weitere Familieninteraktionen übertragen. Rivera gibt das Beispiel der Körperwäsche, bei der sie fragt »Soll ich deine/n ___ waschen oder möchtest du das selbst machen?«, bevor sie ein Kind anfasst. Das Kind muss baden, dieser Teil ist nicht optional, aber ihm wird die Selbstbestimmung gewährt, wie es den eigenen Körper wäscht bzw. wer das tut. Eine allgemeinere Frage für den Alltag lautet: »Welche Hilfe möchtest du von mir? Wie kann/soll ich dir helfen?«

Je nach Alter des Familienmitglieds müssen viele Entscheidungen von den Eltern und Bezugspersonen getroffen werden. Aber den Raum für eine Wahl innerhalb von einer Entscheidung zu lassen, bietet großartige Möglichkeiten, Konsens zu üben und zu lernen. Es fordert auch die Familienmitglieder heraus, Zugang zu ihrer Intention zu bekommen und darauf zu vertrauen. Anstatt einem Kind zu sagen, dass es etwas tun soll, kann ein Familienmitglied das andere dazu auffordern, darüber nachzudenken, wie es sich fühlt und die eigenen Gefühle mit eigenen Worten zum Ausdruck zu bringen.

Familienmitgliedern die erforderliche Sprache zu vermitteln, in der sie ihre Bedürfnisse ausdrücken können, ist ein weiterer wesentlicher Aspekt, um Konsens zur häuslichen Gewohnheit zu machen. Für den Anfang sollten alle in einem Haushalt dasselbe Verständnis davon haben, was ein Ja und was ein Nein ausmacht. Sätze wie »Ich brauche Raum/meine Ruhe« helfen Familienmitgliedern, zu wissen, wie sie vermitteln und verstehen können, wenn eine Person körperlich oder geistig eine Pause braucht. Diesen Raum zu bekommen, verstärkt das Gefühl, dass die Teilhabe an der Familie mit Selbstbestimmung kompatibel ist, weil wir die Wahl haben.

Auch etwas so einfaches wie anatomisches Vokabular kann einen großen Unterschied machen. Wörter wie »Penis«, »Vulva«, »Poloch«, »Brustwarze« (anstelle von umschreibenden Kosenamen) regelmäßig offen und kontextgerecht zu gebrauchen, kann dabei helfen, Scham rund um Körper und körperliches Empfinden abzubauen. Offen und angemessen über Sex und Sexualität zu sprechen, bedeutet, dass es nicht »das eine Gespräch« gibt, in dem endlich Sex erklärt wird, sondern es eher ein fortwährendes Gespräch gibt, das immer wieder aufgegriffen wird. In ihrem Essay »An Immodest Proposal« (dt. Ein unbescheidener Vorschlag) entwirft Heather Corinna eine andere Familiendynamik rund um Sex:

> »Wie wäre es, wenn ihre Eltern ihr anstelle einer Umgebung der sexuellen Passivität oder des Schweigens einen geschützten Raum für Sex geboten hätten, aktive Unterstützung und Ermutigung zu Verhütung und sexueller Gesundheit sowie eine direkte Auseinandersetzung mit Sexualität – nicht bloß

> mit ihrem Begehren nach emotionaler Nähe und Sicherheit, sondern mit Masturbation, Anatomie und Körperbildern und damit, wie Sex von Gleichaltrigen und den Medien häufig unrealistisch dargestellt wird? Wie wäre es, wenn ihre Eltern mit ihr realistisch über ihre eigenen Erfahrungen gesprochen hätten, sowohl über die Freuden als auch über Frustmomente sowie darüber, was sie bis dahin über Sex verstanden haben?«[46]

Nachdem den Familienmitgliedern die Sprache gegeben wurde, um ihre eigenen Bedürfnisse und Gefühle auszudrücken, muss ihnen zugehört werden. Das bedeutet, Aussagen wie »Oh, du bist nicht ____ (satt, müde, kalt, hungrig usw.)« oder »Dir geht es gut« zu streichen und stattdessen zuzuhören und anzuerkennen, wenn eine Person darüber spricht, wie ihr Körper sich anfühlt. Familien können hervorheben, dass wir selbst am besten über unseren eigenen Körper Bescheid wissen. Das ermutigt uns dazu, eine enge Beziehung mit unserem Körper zu entwickeln, aufmerksam zu sein und in uns selbst hineinzuhorchen. Wenn wir wissen, was mit unserem Körper passiert, dann wissen wir auch, wenn etwas nicht stimmt, und können es leichter kommunizieren.

Familiärer Konsens geht über körperliche Nähe hinaus in den Bereich der emotionalen Intimität. Denken wir an diese peinlichen Kindheitsgeschichten, die einer Person das Gefühl der völligen Verwundbarkeit geben und die von Verwandten jedes Jahr wieder erzählt und lustig gefunden werden. Oder an das schüchterne Kind, das trotz seiner Befangenheit gezwungen wird, für Familie und Freund*innen etwas aufzuführen. Familienmitglieder haben das Recht auf ihre eigene emotionale Selbstbestimmung ebenso wie auf ihre körperliche Selbstbestimmung. Dieses Gleichgewicht beruht darauf, dass Grenzen gesetzt werden und Einvernehmen hergestellt wird, damit diese Grenzen respektiert werden. Auch wenn die Vorstellung besteht, dass unsere Herkunfts- und/oder Wahlfamilien einander unser Leben lang Gewissheit, Sicherheit, Liebe und Hingabe bieten, erfordert diese Hingabe dennoch, dass Grenzen gezogen werden, die unser persönliches Wohlbefinden schützen. Ja, manchmal müssen wir andere Menschen vor unsere Bedürfnisse stellen: die Arbeit zu verlassen, um unsere kranke Mutter zu pflegen; vom Sofa aufstehen, um unserer*m Partner*in eine Schmerztablette und ein Glas Wasser zu bringen; nachts um 3 Uhr Auto fahren, um eine Freundin abzuholen usw. Aber diese Entscheidungen müssen sich einvernehmlich abspielen; die Entscheidungen müssen getroffen werden, weil wir diese Dinge aus Liebe für die andere/n Person/en tun möchten, nicht aus Zwang. Wenn wir gezwungen werden, Dinge zu tun, die wir nicht tun wollen, dann handelt es sich nicht länger um eine einvernehmliche, gesunde Beziehung. Eve Rickert und Franklin Veaux erklären dies in ihrem Essay »Consent Culture Begins at Home« (dt. etwa: Konsenskultur beginnt zu Hause):

> »Familien auf der Grundlage des Einvernehmens aufzubauen, erfordert also, dass wir den Unterschied zwischen Hingabe und Zwang verstehen und den Unterschied kennen, der dazwischen besteht, einer Person künftigen intimen Zugang zu uns selbst zu garantieren, und einander zu versprechen, zusammenzuarbeiten, um einander zu unterstützen und dafür zu sorgen, dass eine Beziehung funktioniert.«[47]

Im Familienkontext Grenzen zu setzen, handelt also vor allem davon, die umfassende Hingabe einzugrenzen, die du einer oder mehreren Person/en entgegenbringst, weil sie deine Familienmitglieder sind – und genau zu wissen, wie viel du tun kannst, sodass du dabei noch deine eigene mentale und körperliche Gesundheit erhältst. Jede Person hat das Recht, weiterhin zu entscheiden, wann und in welchem Maße sie Raum, Zeit, Geld, Kleidung, persönliche Informationen usw. mit anderen teilen möchte – je nach ihren eigenen Bedürfnissen. So wie die Praxis des Konsenses beweglich ist, bewegen sich auch Grenzen immerzu und müssen regelmäßig besprochen und neu gezogen werden, während Menschen in einer Beziehung weiter wachsen.

Ich lege so viel Wert auf Konsens in Familien, weil so viele stillschweigende Verpflichtungen damit einhergehen, ein Familienmitglied zu sein. Konsens bedeutet nicht, dass du deiner Familie weniger verbunden bist oder sie weniger liebst. Er erfordert, dass jedes Familienmitglied sich aus eigenem Willen dieser Hingabe widmet. Indem die Selbstbestimmung eines jeden Familienmitglieds gewürdigt wird, basiert die Familie darauf, dass Menschen einander aus dem eigenen Wünschen heraus unterstützen. Denn im Kern sollten wir mit unseren Herkunfts- oder Wahlfamilien dadurch verbunden sein, dass wir einander Fürsorge und Unterstützung dabei bieten, zu unserem besten Selbst zu werden und das zu schaffen, was wir alleine womöglich nicht hätten schaffen können. Idealerweise können wir anhand dieser Struktur Familie als ein Modell nutzen, um in unseren Leben andere gesunde Beziehungen aufzubauen.

3.4 Konsens und intersektionaler Feminismus

Feminismus ist die Überzeugung von und der Kampf für die Gerechtigkeit und Freiheit aller Menschen. Feminismus muss nicht unbedingt ein Kampf um Gleichstellung sein. Das würde nämlich beinhalten, dass alle Menschen die genau gleiche politische, wirtschaftliche und gesellschaftliche Macht und Position erlangen möchten wie andere. Gleichheit legt auch nahe, dass allen die gleiche Art der Unterstützung nützen würde. Wahre Gerechtigkeit bedeutet, dass keine Unterstützung nötig ist, weil alle Systeme, die die Freiheit behindern, entfernt wurden. Im Feminismus geht es darum, die Freiheit zu haben, deinen eigenen Raum zu gestalten. Er ist keine neue Version des Patriarchats, in der die mächtigsten Akteure einfach durch Frauen, nicht-binäre Menschen usw. ersetzt werden. Es geht darum, erkennen zu können, was für tolle Gemeinschaften wir bilden könnten, wenn wir alle die Möglichkeit hätten, unsere eigenen Visionen zu erschaffen.

Wie du dir vielleicht vorstellen kannst, handelt es sich dabei um eine praktische Aufgabe. Feminismus ist nicht bloß eine Art zu denken. Sondern er bezeichnet die Hingabe, uns durch unser Handeln für die Freiheit und Gerechtigkeit für alle Menschen einzusetzen. Sofern du von der Freiheit und Gerechtigkeit für alle Menschen überzeugt bist und dich aktiv dafür einsetzt, bist du ein*e Feminist*in.

Im Feminismus gibt es viele Feminismen und Menschen, die gezielt innerhalb und außerhalb bestehender Strukturen der

Unterdrückung daran arbeiten, sie abzubauen. Im Feminismus gibt es nicht nur eine Richtung oder Strömung, sondern eine Vielzahl an Wellen, Theorien und feministischen Identitäten der Vergangenheit, Gegenwart und Zukunft. Die Stärke des Feminismus liegt in seiner Vielfalt; die diversen Erfahrungen und Weisheiten von Menschen bieten Mechanismen, um die gesellschaftlichen Hierarchien zu überwinden. Um diese Vielfalt zu nähren, ist es wichtig, dass der Kern der feministischen Bewegung aus Menschen besteht, deren Identitäten am wenigsten privilegiert sind. Indem die Stimmen von trans Frauen, von Schwarzen Frauen, anderen nicht-*weißen* Frauen, Frauen weltweit, von Frauen mit verschiedenen Befähigungen, Migrantinnen, Arbeiterinnen, prekarisierten Frauen ins Zentrum rücken, kann sichergestellt werden, dass deren Diskriminierung nicht innerhalb der feministischen Bewegung wiederholt wird. Zudem waren die Schwarzen, queeren, migrantischen, nicht-*weißen*, beHinderten feministischen Bewegungen historisch die offensten und einschließlichsten – und können allen Feminist*innen einiges zu Inklusion und Akzeptanz beibringen.

Feminist*in zu sein, bedeutet weder, das Leid von nur einer Gruppe von Frauen zu beenden, noch Frauen als eine einheitliche, homogene Gruppe zu behandeln. Im Gegenteil ist Unterdrückung ein vielarmiges Monster: eins seiner Tentakel ist

Sexismus/Patriarchat, weitere sind Rassismus/Kolonialismus, [Homo-] und *Transphobie*, Klassismus/Kapitalismus, die aber alle Teil desselben Biests sind, das es zu vernichten gilt. Für Feminist*innen ist die Abschaffung dieser Unterdrückungssysteme gleichermaßen wichtig wie die Beendigung der Vergewaltigungskultur, weil sie tatsächlich derselbe Kampf sind. Die genau gleichen Unterdrückungssysteme, die genutzt werden, um ›Frauen‹ ›Männern‹ unterzuordnen, werden genutzt, um andere Menschen zu unterdrücken und sie ihrer Freiheit zu berauben. Unsere Fesseln mögen alle zusammengebunden sein, doch je nach verfügbaren Privilegien wiegen manche schwerer als andere. Wenn wir anerkennen, auf welche Weise Unterdrückungsstrukturen miteinander verknüpft und verschränkt sind, wie sie einander überschneiden und wie sie sich auf unterschiedliche Identitäten auswirken, bezeichnen wir das als »*intersektionalen Feminismus*«. Die Bürgerrechtsanwältin und wegweisende Rassismustheoretikerin Kimberlé Williams Crenshaw hat den Begriff des intersektionalen Feminismus in ihrem bahnbrechenden Text »Demarginalizing the Intersection of Race and Sex: A Black Feminist Critique of Antidiscrimination Doctrine, Feminist Theory and Antiracist Politics« (dt. Titel: »Die Intersektion von ›Rasse‹ und Geschlecht demarginalisieren – Eine Schwarze feministische Kritik am Antidiskriminierungsrecht, der feministischen Theorie und der antirassistischen Politik«) von 1989 geprägt.[48] Crenshaw beschreibt Intersektionalität an anderer Stelle als

> »Prisma, durch das die wechselwirkenden Auswirkungen von verschiedenen Diskriminierungs- und Benachteiligungsformen erkennbar werden – Rassismus wirkt meist zusammen mit dem Patriarchat, Heterosexismus, Klassis-

> mus und Fremdenfeindlichkeit. So ist zu erkennen, dass die einander überlappenden Verletzlichkeiten, die durch diese Systeme erzeugt werden, eigentlich eigene besondere Herausforderungen hervorbringen.«[49]

Der bisherige Fortschritt in der Bekämpfung der Vergewaltigungskultur beruht auf der Arbeit intersektionaler Feminist*innen weltweit, die sich ununterbrochen dafür einsetzen, Menschen weiterzubilden und Gesetzgebungen zu verändern; die demonstrieren gehen, informieren, debattieren, laut sind, kämpfen und Überlebende unterstützen. Eine wesentliche Grundlage für ein Ende der Vergewaltigungskultur liegt darin, den Erzählungen der Überlebenden von sexualisierter Gewalt und Vergewaltigung zweifelsfrei zu glauben (oder einfach Frauen und geschlechtlich nicht-konformen Menschen im Allgemeinen Glauben zu schenken). Das bedeutet, zu verstehen, dass kein Mensch es verdient hat, Gewalt zu erfahren, egal welchen Lebensstil, welche Kleidung, welches Geschlecht usw. er haben mag. Ob eine Person direkt oder indirekt von Vergewaltigungskultur betroffen ist, hat nichts damit zu tun, ob sie ›vorsichtig‹ ist oder nicht. Niemand – insbesondere keine Frau oder geschlechtlich nicht-konforme Person – entkommt den Auswirkungen der Vergewaltigungskultur. Sie ist wie eine tickende Zeitbombe, du kannst nicht wissen, wann und wo sie explodiert. Der erschreckendste Aspekt hiervon ist, dass es keine Möglichkeit gibt, zu wissen, wer als nächstes dran sein könnte – einschließlich dir selbst. Als Feminist*in musst du jenen zuhören, ihnen Glauben schenken und ausdrücklich deine Unterstützung für sie zeigen, die mutig genug sind, über ihre Gewalterfahrung zu sprechen. Und du musst anerkennen, welcher Gefahr sie sich aussetzen, indem sie sich weigern zu schweigen. Die einzige Möglichkeit, sicherzustellen, dass mehr Menschen über die Gewalt sprechen, die sie überlebt haben, ist es, ihnen dafür Unterstützung und Sicherheit zu bieten.

Trotz der unbeirrten Mühen von Frauen und geschlechtlich nicht-konformen Menschen ist klar und deutlich geworden, dass Vergewaltigung nicht gänzlich verschwinden wird, solange Männer nicht ebenfalls entscheiden, ihr gemeinsam ein Ende zu setzen. Es liegt nicht in der Verantwortung von Frauen und geschlechtlich nicht-konformen Menschen, Vergewaltigungskultur zu beenden. Es liegt in der Verantwortung von cis Männern, da sie es – in großer Mehrheit – sind, die Vergewaltigung geschaffen und verfestigt haben. Das ist selbstverständlich kein Aufruf an Frauen, den Kampf gegen Vergewaltigung und Vergewaltigungskultur zu vernachlässigen (Protestiert! Informiert! Lernt, wie ihr eingreifen könnt! Übt Selbstverteidigung!). In Rückbezug auf unseren Kern des intersektionalen Feminismus, wird uns ein Modell geboten, um die Konzepte zu erweitern, mit denen wir produktiv jene Unterdrückungsstrukturen, die die Vergewaltigungskultur speisen, abbauen können.

Dieselbe Dringlichkeit, mit der wir gegen Vergewaltigung ankämpfen, muss anderen Unterdrückungsformen gewidmet werden. Und die Person, bei der wir am besten anfangen, sind wir selbst. Besonders für *weiße* und anderweitig privilegierte Feminist*innen ist es einer der üblichsten Fehltritte, immer wieder zu vergessen, die wichtigste Frage von allen zu stellen: Wie trage ich selbst zu Ungerechtigkeit bei? Dieser Mangel an Verantwortungsübernahme schadet selbstverständlich allen, einschließlich uns selbst. Ebenso wie Männer einen Weg finden müssen, Vergewaltigung zu beenden, müssen privilegierte Feminist*innen einen Weg finden, Rassismus, Transphobie, Dickenfeindlichkeit, BeHindertenfeindlichkeit usw. zu beenden. Rassifizierung ist beispielsweise ein soziales Konstrukt, das *weiße* Leute erfunden haben, um Rassismus abzusichern. Somit ist es die Verantwortung *weißer* Leute, diese Diskriminierung abzuschaffen. Damit Männer anfangen können, Verantwortung für ihr sexistisches Handeln zu übernehmen und anderen in ihrem Umfeld ihre Meinung zu sagen, müssen *weiße* Frauen dasselbe bezüglich Rassismus tun. Tatsächlich ist eines der wertvollsten Werkzeuge, das *weiße* cis Frauen Männern an die Hand geben können, jenes, mit gutem Beispiel voranzugehen. Zeige, was es wirklich bedeutet, zuzuhören, ohne in die Abwehr zu gehen; wirklich am Lernen interessiert zu sein und es nicht anderen aufzuerlegen, dir etwas beizubringen; Veränderungen bei dir selbst zu beginnen; aktiv Gespräche mit anderen Leuten zu dem Thema anzufangen; Zeit, Geld und Energie für die Befreiung und die Freiheit anderer aufzubringen.

Selbstverständlich bist du selbst die wichtigste Person für diese Hinterfragung. Wie trägst du selbst zu Unterdrückungsstrukturen bei – häufig, ohne es zu wissen? Wo ist dein Platz in der Geschichte der Kolonisierung? Wie profitierst du möglicherweise von einer *weißen*, einer nicht-beHinderten, einer cisgeschlechtlichen und/oder heterosexuellen Identität? Wie schadet das anderen (und dir selbst)? Ein*e Feminist*in zu sein, feit niemanden davor, gleichzeitig zum Patriarchat beizutragen. Es ist angsteinflößend, den eigenen Werten den Spiegel vorzuhalten, den hässlichsten Teilen ins Auge zu blicken und ehrlich mit dem eigenen Scheitern umzugehen. Aber wenn Feminist*innen nicht bereit sind, diese Art der Reflexion vorzunehmen, was ist dann der Sinn des Ganzen? Ohne diese Arbeit schaffen Feminist*innen nur jene Hierarchie neu, die die Vergewaltigungskultur überhaupt erst erschaffen hat. Jedes Mal, wenn eine Frau zur Unterdrückung anderer beiträgt, trägt sie zu ihrer eigenen

Unterdrückung bei, indem sie dieses System der Ungerechtigkeit verfestigt.

Wenn wir einmal unsere Augen für diese Tatsachen geöffnet haben, fällt es leichter, ähnliche Gespräche mit Menschen in unserem Umfeld zu führen. Es mag ungemütlich sein, mit Kolleg*innen, Freund*innen und/oder Familienmitgliedern zu sprechen, wenn sie etwas rassistisches, fremdenfeindliches, dickenfeindliches usw. sagen. Aber es gibt die Wahl, entweder die Dinge aus Bequemlichkeit durchgehen zu lassen – wissend, dass andere Menschen am Ende darunter leiden werden – oder diese Gespräche zu führen – wissend, dass sie vielleicht etwas schwierig werden könnten. Die Konsequenzen, die es für eine privilegierte Person haben kann, eine Person öffentlich oder unter vier Augen auf ihr diskriminierendes Verhalten aufmerksam zu machen, sind sehr gering im Vergleich zu der Gewalt, die jene erfahren, die tatsächlich betroffen sind. Wenn es darauf ankommt, verstärkt die Entscheidung zu schweigen diese Gewalt und ist eine Entscheidung für die Seite der Unterdrückung. Punkt.

Als feministische Wahrheit anzuerkennen, dass die Freiheit von Frauen darauf beruht, die Freiheit aller sicherzustellen, ist eine Möglichkeit, stets aktiv und mit dem kollektiven Kampf verbunden zu bleiben. Es ist auch ein Mittel, aus dem wir Hoffnung schöpfen können. Ja, es gibt bestimmte Aspekte der Vergewaltigungskultur, die nicht in Reichweite von Frauen und Feminist*innen in ihrer Gesamtheit liegen. Aber die Grenzen unseres Kampfes gegen Vergewaltigung sind keine Sackgasse! Diese Frustration und Wut kann in andere, parallele Kämpfe für Freiheit und Gerechtigkeit kanalisiert werden, die – indem sie die Menschlichkeit in jedem Menschen anerkennen – demselben Antrieb für die Beendigung von Unterdrückung folgen.

4 Gesprächsbeispiele

Einfache Möglichkeiten, eine Pause einzuläuten

»Das fühlt sich gut an. Können wir kurz Pause machen, um abzusprechen, ob wir das Gleiche wollen?«
»Lass uns weitermachen; mich macht das sehr an!«
»Weißt du: Wenn du keine Minute innehalten und durchatmen kannst, damit wir uns kurz absprechen können, dann gehe ich nach Hause.«

»Warte kurz: Ich brauche ein Glas Wasser.«

»Hey, ich will kurz Pause machen, um dir zu sagen, dass ich wirklich gerne mit dir rumknutsche/rummache, aber ich möchte jetzt gerade nicht weitergehen.«
»Alles klar. Mir macht das auch Spaß. Wenn sich dein Wunsch verändert, sag mir Bescheid. Und vielleicht wollen wir ja etwas anderes zusammen machen ...«

»Bevor wir weitermachen, lass uns kurz ein paar Grenzen ziehen. Ich weiß, dass ich ____, ____ und ____ nicht möchte.«

Unser Begehren ausdrücken und Einvernehmen herstellen

»Ich möchte mit dir über etwas reden. Manchmal, wenn wir schon mittendrin sind und ineinander verschlungen, fällt es mir schwer, dir zu sagen, was ich mag und was ich nicht mag. Manchmal bin ich eingeschüchtert oder es ist mir peinlich, dir zu zeigen, was mir schöne Gefühle macht. Und ich will wirklich, dass wir uns beide wohl fühlen.«
»Kannst du es mir jetzt sagen?«
»Ich bin immer noch etwas nervös, vielleicht können wir beide ein paar Dinge aufschreiben und sie so miteinander teilen?«
»Klingt sexy!«

»Ich will das hier nicht mehr weitermachen. Ich mag es nicht, es macht mir keine Freude und ich fühle mich nicht wohl damit.«
»Warum hast du mir das nicht schon früher gesagt?«
»Weil ich nicht wollte, dass du dich schlecht fühlst. Und es scheint mir, dass alle anderen es auch tun und gut finden.«
»Keine Sorge. Wenn du das nicht magst, machen wir das nicht.«
»Wenn sich das bei mir verändert, sage ich Bescheid. Aber erstmal frag mich bitte nicht, ob wir das wieder machen wollen.«

»Bevor wir loslegen, will ich gern kurz mit dir absprechen, wie wir beide das Vergnügen haben, das wir uns wünschen. Oft denkst du, dass wir beide fertig sind, wenn du kommst; aber ich bin es nicht.«

»Naja, alle meine anderen Partner*innen waren zufrieden damit …«
»Mmh, alle Menschen sind verschieden. Wenn du nicht magst, was mich ausmacht und kein Interesse an meinem Vergnügen hast, sollten wir keinen Sex miteinander haben.«
»Neinnein, ich bin gespannt, über dich und deinen Körper zu lernen! Entschuldige, dass ich mich angegriffen gefühlt habe, ich war nur verunsichert. Danke, dass du ehrlich mit mir bist.«

»Was stellst du dir noch für den Abend vor? Also, ich meine, für uns.«
»Wir könnten vielleicht zu mir hoch gehen, etwas trinken und schauen, was passiert?«
»Ich mag die Vorstellung, noch etwas zu trinken und ich würde auch gern mit dir rummachen. Es ist auch total okay, ›Nein‹ zu sagen, aber hättest du da auch Lust drauf?«
»Ich würde dich sehr gerne küssen, ich denke das schon den ganzen Abend!«
»Cool. Und wenn du auch noch irgendwas anderes machen willst, lass es mich wissen.«
»Ich stelle mir schon so lange vor, dich anzufassen.«
»Echt? Was hältst du davon: Du sagst mir, wo du mich berühren möchtest, und ich sage ›Ja‹ oder ›Nein‹. Und dann möchte ich das auch von dir erfahren.«

»Penetration ist ehrlich gesagt echt nicht mein Ding.«
»Möchtest du mir verraten, was du besonders magst?«
»Ja! Ich mag es, hier … und hier … und hier … angefasst zu werden. Ich werde ganz verrückt, wenn Menschen

mich hier … oder hier … küssen. Magst du irgendwas davon gern machen?«
»Oh ja, das will ich! Kann ich dich jetzt gleich da … küssen?«
»Kannst du! Wow. Und dann auch gerne hier …«

»Wie und wo wirst du am liebsten angefasst?«
»1. ____ , 2. ____ , 3. ____ .«
»Möchtest du an einer der drei Stellen jetzt berührt werden?«
»JA! An allen dreien. Aber wenn ich eine Wahl treffen muss, dann die Zweite.«

»Ich würde gern mehr über deinen Körper lernen und was sich für dich gut anfühlt.«
»Du könntest mir beim Masturbieren zuschauen? Möchtest du das?«
»Das wäre wirklich sexy. Darf ich dich anfassen, während du dich selbst berührst?«
»Nein, dann möchte ich nur mich selbst anfassen.«
»Das verstehe ich total. Ich bin schon ganz aufgeregt, dir zuzugucken.« [Oder: »Das verstehe ich. Darf ich mich dann auch anfassen? Ich bin aufgeregt dir zuzugucken.«
»Oh wow, ja bitte gerne. Das ist ja dann doppelt aufregend!«]

»Ich möchte heute gern etwas Neues ausprobieren und ich habe mich gefragt, ob es dich anmacht.«
»Was stellst du dir denn vor?«
» ____ . Du musst mir nicht gleich antworten und es ist auch voll okay, ›Nein‹ zu sagen. Aber wenn es etwas ist,

das du mit mir zusammen ausprobieren magst, freue ich mich.«
»Ich bin mir nicht sicher. Lass mich drüber nachdenken und dir später Bescheid sagen.«
»Super.«

»Ich genieße unser Gespräch sehr. Hättest du mal Lust auf ein Date mit mir?«
»Nein, ich bin nur an Freundschaft interessiert.«
»Das ist voll okay. Ich finde es toll, mit dir befreundet zu sein. Ich frage dich nicht wieder wegen eines Dates. Wenn du es dir je anders überlegst, lass es mich wissen.«

Glossar

androgyn (Adjektiv) Androgyn beschreibt eine Person, die männliche und weibliche Anteile in sich trägt, sich aber mit keinem der zwei binären Geschlechter (Mann/Frau) besonders verknüpft.

asexuell (Adjektiv) Asexuell beschreibt eine Person, die kein sexuelles Begehren für andere empfindet und/oder kein Interesse an sexuellen Begegnungen mit anderen und/oder sich selbst hat. Asexuelle Menschen sind nicht unbedingt aromantisch (ohne romantische Anziehung), das heißt, eine Person kann asexuell und dennoch an romantischen Beziehungen (ohne Sex) interessiert sein. Asexualität ist ein Spektrum, das von gar keiner sexuellen Libido bis zu einer geringen Libido reicht. Asexualität fällt unter den Überbegriff queer und wird im A in LSBTQIA* abgekürzt.

BDSM (Substantiv) Die Abkürzung »BDSM« steht für Bondage/Fesseln und Disziplin, Dominanz und Submission/Unterwerfung, Sadismus und Masochismus. BDSM ist ein Überbegriff für eine ganze Bandbreite an erotischen Aktivitäten und Rollenspielen zwischen einvernehmlichen Erwachsenen.

bei der Geburt zugewiesenes biologisches Geschlecht (Substantiv) Bei der Geburt eines Menschen – manchmal auch schon in pränatalen Ultraschalluntersuchungen – blickt die

Ärztin, der Pfleger oder die Hebamme auf seine Genitalien und weist der Person ein Geschlecht zu. Wenn das kleine Menschlein einen Penis hat, der einem bestimmten Maß entspricht, dann wird die Zuweisung »männlich« sein; wenn es eine Vulva mit einer Klitoris hat, die eine bestimmte Größe nicht überschreitet, dann wird es als »weiblich« eingestuft; und wenn die Genitalien als ›uneindeutig‹ erachtet werden, als »intergeschlechtlich«.

bisexuell (kurz: bi) (Adjektiv) Bisexuell beschreibt eine Person, die sich sowohl zu Menschen ihres Geschlechts als auch zu Menschen anderer Geschlechter hingezogen fühlt. Die Anziehung muss nicht gleichermaßen stark sein (zum Beispiel kann sich eine bisexuelle Person vornehmlich zu Männern hingezogen fühlen). Bisexualität fällt unter den Überbegriff queer und wird mit B in LSBTQIA* abgekürzt.

cisgender/cisgeschlechtlich bzw. cis Cisgeschlechtlich sind Menschen, die das Geschlecht leben, das ihnen bei der Geburt zugewiesen wurde. Z.B. wurde einer cis Frau bei der Geburt das Geschlecht »weiblich« zugewiesen und sie identifiziert sich als Frau/weiblich. Cisgeschlechtlichkeit hat nichts mit der sexuellen Orientierung einer Person zu tun.

cisnormativ (Adjektiv) Cisnormativ ist der Glaube, dass Cisgeschlechtlichkeit die standardmäßige oder ›normale‹ Geschlechtsidentität sei, sowie die Annahme, dass jede Person cisgeschlechtlich sei. Eine cisgeschlechtliche Person lebt dasselbe Geschlecht, das ihr bei der Geburt zugewiesen wurde. Cisnormativ ist z.B. die Annahme, dass Männer nicht schwanger werden können (was trans Männer aber durchaus können).

dekolonisieren, Dekolonisierung (Verb, Substantiv) [Dekolonisierung wird auf mehreren Ebenen verwendet: Über Jahrhunderte hinweg haben Dekolonisierungsbewegungen in der ganzen Welt die nationale Befreiung eines Großteils der Erdoberfläche von europäischen Kolonialmächten erkämpft. Trotz dieser Dekolonisierung blieben die, von Europa gezogenen, Grenzen häufig bestehen, sodass koloniale Strukturen bis heute fortwirken. Zudem bestehen manche Siedlungskolonien (z.B. die USA) fort, wo diese Dekolonisierung für die Indigene Bevölkerung faktisch unerreicht bleibt.

Häufig werden diese Begriffe – wie auch von Machlus in diesem Text – auf der Ebene der Bedeutungsgebung und Politik in *westlichen* Gesellschaften verwendet: Dann bedeutet Dekolonisierung, fortbestehende koloniale Wissens- und Machtstrukturen, wie etwa strukturellen Rassismus oder neokoloniale Wirtschaftsstrukturen, aufzudecken und zu überwinden.]

demisexuell (Adjektiv) Eine Person, deren sexuelles Begehren darauf beruht, emotional mit der anderen Person verbunden zu sein. Üblicherweise ist für diese Menschen irgendeine Art der romantischen Beziehung erforderlich, um eine andere Person sexuell attraktiv zu finden.

Unbeteiligte Beobachter*in(nen) oder Dritte (Substantiv) Personen, die einer Situation oder einem Ereignis beiwohnen, diese/s mitbekommen, aber nicht direkt beteiligt oder betroffen sind. Interventionen durch unbeteiligte Dritte finden statt, wenn diese Person/en sich entscheiden, aktiv in die Situation einzugreifen.

Feminismus, Feminismen (Substantiv) Feminismus heißt die Überzeugung und der Kampf für die Gerechtigkeit und Freiheit aller Menschen. Feminist*innen arbeiten innerhalb und außerhalb von Unterdrückungsstrukturen daran, bestehende soziale Ungleichheiten abzubauen. Es gibt nicht nur einen Feminismus, sondern eine Vielzahl von Wellen, Theorien, Philosophien und Identitäten in vergangenen, gegenwärtigen und künftigen Feminismen.

Femme (Substantiv) [Der Begriff hat seinen Ursprung in englischsprachigen lesbischen Kontexten, in denen das französische Wort für »Frau« angeeignet wurde, um mit den vergeschlechtlichten Rollen in lesbischen Beziehungen zu spielen. Manche Lesben und Queers, deren Auftreten, Selbstgefühl, Äußeres und Fremdwahrnehmung sich auf weiblich konnotierte Eigenschaften beziehen, bezeichnen sich als Femmes. Femme kann eine Bezeichnung der eigenen Geschlechtsidentität sein.]

Frau (Substantiv) Eine Person, die typischerweise mit dem weiblichen Geschlecht verknüpft wird. Beachte: Sowohl trans als auch cis Frauen können weiblichen Geschlechts/Frauen sein.

(to) gender sth./sb./jmd./etw. vergeschlechtlichen (Verb) Vergeschlechtlichen bedeutet, einer Person oder einer Sache männliche oder weibliche Eigenschaften zuzuweisen. Das geschieht beispielsweise fälschlich, wenn Menschen mit einem Pronomen [z.B. er/ihn/sein] über eine Person spricht, das diese nicht für sich verwendet.

[Vielleicht hast du auch schon von »vergeschlechtlichter Arbeitsteilung« gehört. Damit ist die geschlechtsspezifische Unterteilung in Männer- und Frauenberufe und -tätigkeiten gemeint. Diese Einteilung basiert sowohl auf Zweigeschlechtlichkeit (Mann/Frau) als auch auf Geschlechterstereotypen, also auf gesellschaftlich konstruierten und vereinfachten Rollenvorstellungen. In der vergeschlechtlichten Arbeitsteilung entscheidet dein Geschlecht darüber, worin deine Fähigkeiten und Vorlieben liegen (sollen) und welchen Teil der erforderlichen Arbeit du (tendenziell eher) übernehmen sollst.]

Gender, Geschlechtsidentität (Substantiv) Geschlechtsidentität ist die geschlechtliche Selbstdefinition eines Menschen. Geschlechtsidentitäten und unser geschlechtlicher Ausdruck sind unendlich vielfältig, denn sie sind bei jedem einzelnen Menschen unterschiedlich. [Das Konzept wurde in der zweiten Welle der *westlichen* Frauenbewegung dazu genutzt, der Diskriminierung von Frauen ihre Begründung durch vermeintlich ›natürliche‹, ›biologische‹ Geschlechterunterschiede zu nehmen. Also wurde es dem ›biologischen Geschlecht‹ an die Seite gestellt. Wenn wir heute allerdings davon ausgehen, dass sowohl die Geschlechtsidentität als auch das bei der Geburt zugewiesene Geschlecht sozial konstruiert sind, dann brauchen wir im Deutschen nur ein Wort: Geschlecht.]

gender questioning / wörtlich: Geschlecht hinterfragend (Adjektiv) Eine Person, die auf dem Weg ist, ihr Geschlecht zu finden oder eine Person, die dauerhaft das Konzept von Geschlecht infrage stellt, die keinem bestimmten Geschlecht entspricht und/oder mit Geschlecht nichts zu tun haben will.

gender fluid, geschlechtlich veränderlich (Adjektiv) Eine Person, deren Geschlechtsidentität an eine Ebbe und Flut sozial konstruierter männlicher und weiblicher Eigenschaften erinnert. Ihr Geschlecht kann sich ständig ändern oder gleich bleiben. Eine geschlechtlich veränderliche Person beschränkt sich nicht auf die Zweiteilung von Frau und Mann.

gender queer (Adjektiv) Eine Person, die nicht einem bestimmten Geschlecht entspricht und damit Geschlechternormen überschreitet.

Geschlecht (Substantiv) Eine Frage der Selbstdefinition sowie eine Möglichkeit, einen Teil der Identität einer Person auf der Grundlage sozialer Konstrukte zu beschreiben.

gender expansive / wörtlich: Geschlecht erweiternd, hier: geschlechtlich nicht-konform (Adjektiv) Eine Person, die über die in ihrer Gesellschaft vorausgesetzten Konzepte von Geschlecht hinausweist, ihnen nicht entspricht. Unter diesen Menschen sind transgeschlechtliche, nicht-binäre, gender queere, androgyne Menschen sowie alle anderen, die die verallgemeinerten Vorstellungen von Zweigeschlechtlichkeit (Frau/Mann) erweitern.

Herkunftsfamilie (Substantiv) Die Herkunftsfamilie ist im engen Sinne die Familie, in die ein Mensch hineingeboren wurde. [Weitergefasst kann darunter auch die Familie eines Kindes verstanden werden, mit der es beispielsweise durch Adoption oder ein Pflegeverhältnis verbunden ist; also eine Familie, die sich ein Mensch als Kind nicht eigenständig ausgesucht hat.]

heteroflexibel, »meistens hetero« (Adjektiv) Heteroflexibel ist eine Abwandlung von Heterosexualität; eine Person, die (im Rahmen der männlich/weiblich-Zweiteilung) primär vom anderen Geschlecht angezogen wird, aber manchmal Sex mit Menschen des gleichen Geschlechts oder mit Menschen außerhalb der Zweigeschlechtlichkeit hat.

heteronormativ (Adjektiv) Heteronormativ ist der Glaube, dass es nur zwei Geschlechtsidentitäten gibt (Männer und Frauen) und dass jede dieser Identitäten ihre eigene bestimmte gesellschaftliche Rolle innehat. Dazu gehört die Vorannahme, dass Heterosexualität die ›normale‹ sexuelle Orientierung ist, also beispielsweise, dass alle Frauen auf Männer stehen und/oder dass alle Frauen einen Retter brauchen.

Heterosexismus (Substantiv) Voreingenommenheiten zugunsten von Heterosexualität und/oder Diskriminierung gegen jene, die nicht als heterosexuell wahrgenommen werden und/oder es nicht sind. Die Annahme, dass Heterosexualität die ›normale‹ sexuelle Orientierung ist und dass alle Menschen heterosexuell sind. Hierzu gehört etwa die Annahme, dass sexuelle Orientierungen jenseits der Heterosexualität ›geheilt‹ werden können oder ›nur eine Phase‹ im Leben von Menschen darstellen.

heterosexuell, Heterosexuelle*r (Adjektiv, Substantiv) Eine Person, die (im Rahmen der männlich/weiblich-Zweiteilung) vornehmlich vom anderen Geschlecht angezogen wird, kann sich als heterosexuell bezeichnen. Manche Leute sprechen im Plural auch von »Heten«.

homosexuell, Homosexuelle*r (Adjektiv, Substantiv) Eine Person, die (im Rahmen der männlich/weiblich-Zweiteilung) vornehmlich von ihrem eigenen Geschlecht angezogen wird, könnte sich als homosexuell bezeichnen. Schwule und Lesben sind Homosexuelle. Ein Mann, der von anderen Männern sexuell angezogen wird, kann sich als Homosexueller bezeichnen – oder als Schwuler, als Mann, der Sex mit Männern hat und/oder als Mann, der Männer liebt. Eine Frau, die von anderen Frauen angezogen wird, kann sich als Homosexuelle definieren – oder als Lesbe, als Frau, die Sex mit Frauen hat und/oder als Frau, die Frauen liebt. Das Wort »homosexuell« erscheint heute ein wenig formal und medizinisch. Homosexualität fällt unter den Überbegriff queer.

Homophobie bzw. Homofeindlichkeit (Substantiv) [Homophobie bezeichnet die Feindseligkeit gegenüber all jenen Menschen, deren sexuelle Orientierung nicht heterosexuell ist, denen unterstellt wird, nicht heterosexuell zu sein oder die in irgendeiner Form von heteronormativen Vorstellungen abweichen.]

Intersektionaler Feminismus, Intersektionalität (Substantiv) Die Anerkennung, dass Unterdrückungs- bzw. Diskriminierungsstrukturen miteinander verschränkt sind. Diese wirken sich gemeinsam auf verschiedene Identitäten aus und haben unterschiedliche Konsequenzen für verschieden positionierte Menschen. Der Begriff der »Intersektionalität« wurde von der Bürgerrechtsanwältin und wegweisenden Rassismustheoretikerin Kimberlé Williams Crenshaw geprägt [und bezog sich ursprünglich auf die Mehrfachdiskriminierung Schwarzer Arbeiterinnen, die durch die, damals in den USA bestehende, Antidiskriminierungsgesetzgebung gegen Sexismus und gegen Rassismus nicht geschützt waren, weil ihre Diskriminierung sich aus beidem speiste und in ihrer Besonderheit nicht beachtet wurde.]

intersex/intergeschlechtlich bzw. inter oder inter* Intergeschlechtlichkeit ist ein Überbegriff für Menschen, die mit einem Körper auf die Welt kommen, der Eigenschaften außerhalb der strengen Zweiteilung der bei der Geburt zugewiesenen ›biologischen Geschlechter‹ männlich und weiblich aufweist. [Intergeschlechtliche Menschen können sich selbst als inter bzw. inter* identifizieren oder weibliche, männliche oder queere Geschlechtsidentitäten haben.]

Klassismus (Substantiv) [Als Klassismus wird die Diskriminierung aufgrund einer niederen sozialen Herkunft in der kapitalistischen Gesellschaftsstruktur bezeichnet. Klassismus ist demnach vom Kapitalismus abgeleitet und fokussiert sich mehr auf die gesellschaftliche Wahrnehmungs- und Wirkungsebene als auf die tatsächlichen finanziellen Verhältnisse einer Person durch kapitalistische Ausbeutung.]

LSBTIQA* [Abkürzung für Lesben, Schwule, Bisexuelle, transgeschlechtliche Menschen, intergeschlechtliche Menschen, queere Menschen, asexuelle Menschen.]

lesbisch, Lesbe/n (Adjektiv, Substantiv) Eine Frau, die vornehmlich von Frauen angezogen wird. Homosexuelle Frauen werden als Lesben bezeichnet. Lesbisch fällt unter den Überbegriff queer und zeigt sich im L in LSBTIQA*.

Mann (Substantiv) Eine Person, die typischerweise mit dem männlichen Geschlecht verknüpft wird. Beachte: Sowohl trans als auch cis Männer können männlichen Geschlechts/Männer sein.

nonbinary/nicht-binär, nichtbinär (Adjektiv) Eine Person, die sich außerhalb der Zweiteilung von Mann/Frau bewegt, die sich keiner der beiden gegenüberstehenden Geschlechteroptionen zugehörig fühlt.

pansexuell (Adjektiv) Eine Person, die von allen möglichen Menschen sexuell angezogen wird. Das Begehren ist hier unabhängig von der Geschlechtsidentität oder dem geschlechtlichen Ausdruck der anderen Person, einschließlich solcher Menschen, die sich jenseits der Zweigeschlechtlichkeit bewegen oder androgyn sind. Pansexuelle Menschen können auch Menschen völlig unabhängig von deren Geschlecht attraktiv finden bzw. Geschlecht ist kein Faktor für ihr sexuelles Begehren. Pansexualität fällt unter den Überbegriff queer.

Patriarchat, patriarchales System (Substantiv) Das Patriarchat ist ein System, das sich um Männer dreht und darauf ausgerichtet ist, ihnen mehr Macht als Frauen und geschlechtlich nicht-konformen Personen zuzuteilen. Ein patriarchales System ermöglicht es Menschen, die keine cis Männer sind, nur bedingt, vergleichbare gesellschaftliche, ökonomische und rechtliche Freiheiten zu genießen.

persönliche Selbstbestimmung, Autonomie (Substantiv) Persönliche Selbstbestimmung bezeichnet die allgemeine Fähigkeit, sich frei durchs Leben zu bewegen. Die Freiheit, selbst zu entscheiden, wer, wie, wann und wo andere Menschen mit dir in Kontakt kommen.

Privilegien (Substantiv) Bestimmte Rechte oder Vorteile, die Menschen aufgrund von Unterdrückungsstrukturen und den damit verbundenen gesellschaftlich konstruierten Zuschreibungen und Identitäten erhalten. Privilegien können als Gegenstück zur Unterdrückung verstanden werden. Der US-amerikanische Soziologe W.E.B. Du Bois hat sich als einer der Ersten wissenschaftlich mit Privilegien befasst, in seinem Fall mit jenen der *weißen* US-Amerikaner*innen.

queer, Queers (Adjektiv, Substantiv) Queer und Queers sind Sammelbegriffe für eine Bandbreite an Menschen, die nicht der heterosexuellen und cisgeschlechtlichen Norm entsprechen. Eine Person kann sich als queer verorten oder queer leben. Das Wort wird auch verwendet, um alle aus der LSBTIQA*-Gemeinschaft als »queere Community« zu bezeichnen. Als sexuelle Orientierung wird queer bewusst offen definiert, um darin so beweglich wie möglich zu bleiben. Menschen, die sich mit keiner der anderen definierten sexuellen Orientierungen identifizieren, können mit dem Wort queer auf unspezifische Weise über ihre sexuelle Orientierung sprechen. Queer zeigt sich im Q in LSBTIQA*.

[(to) queer (Verb) kann im Deutschen beispielsweise so verwendet werden: etwas queer gegen den Strich lesen, etwas subversiv untergraben, das verborgene Queere aus heteronormativen Geschichten herausschälen, etwas queer neu erzählen.]

questioning / wörtlich: (hinter)fragend (Adjektiv) Eine Person, die sich über ihre sexuelle Orientierung nicht sicher ist und aktiv herauszufinden versucht, wo ihr Begehren liegt. Achtung: Das »(hinter)fragend« (questioning) bezieht sich nicht darauf, eine Person über ihre sexuelle Orientierung zu befragen – das ist unangemessen. Questioning fällt unter den Überbegriff queer.

Rassifizierung (Substantiv) [Damit Rassismus als Privilegiensystem funktioniert, wurden und werden Menschen auf Grundlage des Konzepts ›Rasse‹ in rassistische Kategorien eingeteilt: Sie werden rassifiziert (österreichisch auch manchmal »rassisiert«). Menschen wird durch Rassifizierung ein Aussehen, eine Religion, Herkunft usw. zugeschrieben. Rassifizierung wird rassistisch benutzt, um Menschen zu unterscheiden und in eine Rangordnung zu bringen. Manche Menschen werden aufgrund dieser Rassifizierung als ›zugehörig‹ (etwa zum *weißen*, christlichen Deutschland) und andere als davon ›fremd‹ oder ›anders‹ konstruiert.]

Rassismus (Substantiv) [Rassismus bezeichnet die Privilegierung von *weißen* Menschen und die Diskriminierung von allen anderen rassifizierten Bevölkerungsgruppen. Aufgrund der unterschiedlichen historischen Zusammenhänge, in denen Ausbeutung, Ausgrenzung, Mord, Folter und Entmenschlichung rassistisch gerechtfertigt wurden, gibt es verschiedene Formen und Ausprägungen von Rassismen – etwa gegen Schwarze Menschen, gegen Jüdinnen und Juden, gegen Rom*nja.]

jmd. zur Rede stellen (Verb) Wir stellen jemanden zur Rede, wenn wir das diskriminierende Verhalten einer Person ansprechen. Das kann entweder unter vier Augen stattfinden oder öffentlich.

schwul, Schwule/r (Adjektiv, Substantiv) Schwul sind Männer, die vornehmlich von Männern sexuell angezogen werden. Der Begriff wird durch das S in LSBTIQA* abgekürzt.

Sex (Substantiv) Sex ist jeder einvernehmliche sexuelle Akt, den eine Person allein oder mit anderen zu ihrem körperlichen und/oder emotionalen Vergnügen vollzieht.

sex-positiv (Adjektiv) Sex-positiv ist eine gesellschaftliche und philosophische Bewegung, die im Wesentlichen darin besteht, Sex als einen gesunden und genüsslichen Bestandteil im Leben von Menschen zu verstehen, die sexuellen Praktiken anderer ohne moralische Urteile zu akzeptieren (solange sie geschützt und einvernehmlich praktiziert werden), geschützten Sex zu praktizieren und offen für ein stetes Lernen über Sex, sexuelle Orientierungen und Geschlechter zu sein.

Sexismus (Substantiv) [Sexismus bezeichnet die Privilegierung von Männern und die Diskriminierung von Frauen und geschlechtlich nicht-konformen Menschen.]

sexuelle Nachsorge, Nachgespräch (Substantiv) Sexuelle Nachsorge ist ein notwendiger Abschluss der sexuellen Begegnung: Nach der sexuellen Begegnung wird miteinander besprochen, ob es allen gut geht, Einvernehmen bestätigt, emotionale und/oder körperliche Unterstützung angeboten, Rückmeldung eingeholt.

sexuelle Orientierung (Substantiv) Wer/was wir begehren, wer/was uns anmacht, wer/was uns anzieht.

soziales Konstrukt (Substantiv) Ein soziales Konstrukt ist eine Vorstellung, Annahme oder eine Reihe von Annahmen, die von der Gesellschaft geschaffen und anerkannt werden. Beispiele sind Klassenunterschiede, Schönheitsideale, das Konzept ›Rasse‹ [und damit die Rassifizierung von Menschen], Zeit, Fortschritt – und eben auch Geschlecht.

transgender/transgeschlechtlich[50] bzw. trans oder trans* (Adjektiv) Eine Person, die ein anderes Geschlecht lebt, als ihr bei der Geburt zugewiesen wurde. Zum Beispiel wurde einer trans Frau bei der Geburt das Geschlecht »männlich« zugewiesen, ihre Identität ist aber die einer Frau/weiblich. Beachte, dass Transgeschlechtlichkeit bzw. trans zu sein nichts mit der sexuellen Orientierung, dem sexuellen Begehren einer Person zu tun hat.

Transphobie bzw. Transfeindlichkeit (Substantiv) [Transphobie bezeichnet die Feindseligkeit gegenüber transgeschlechtlichen Menschen und jenen, denen unterstellt wird, ihre zugeschriebene Geschlechterrolle zu verraten. Cisgeschlechtliche Menschen fühlen sich schnell in ihrer eigenen Identität verunsichert und reagieren ablehnend oder gewaltvoll auf transgeschlechtliche Menschen.]

Vergewaltigung, vergewaltigen (Substantiv, Verb) Jeder ›Sex‹ oder sexuelle Akt, der ohne die engagierte und fortwährende Zustimmung aller beteiligten Personen durchgeführt wird, ist eine Vergewaltigung.

Vergewaltigungskultur (Substantiv) [Als Vergewaltigungskultur (engl. rape culture), werden gesellschaftliche und kulturelle Umstände bezeichnet, in denen sexualisierte Gewalt und Vergewaltigung toleriert, normalisiert und verharmlost werden. Konsens zu praktizieren, ist eines der wirksamsten Mittel gegen diese Vergewaltigungskultur.]

verobjektivieren (Verb) Eine Person wie ein Objekt oder Ding zu behandeln und sie somit ihrer Menschlichkeit zu berauben. Beispiele sind Frauen, die in der Werbung als Accessoires von Männern platziert werden – wie ein Auto oder ein Hut.

Wahlfamilie (Substantiv) Eine Gruppe von Menschen, die einander als physisches und emotionales Unterstützungssystem auserkoren haben, ist eine Wahlfamilie. Sie müssen nicht leiblich oder durch Eheschließung miteinander verwandt sein. Beispiele für Wahlfamilien sind enge Freund*innenkreise, Wohngemeinschaften, durchaus auch Partner*innenschaften oder andere Familien als die leibliche Herkunftsfamilie.

***weiße* Privilegien (Substantiv)** *Weiße* Privilegien sind die spezifischen Bevorteilungen, die Menschen zukommen, die als *weiß* erachtet bzw. rassifiziert werden. Der Begriff wurde von der nordamerikanischen Feministin und antirassistischen Aktivistin Peggy McIntosh geprägt. Beispielsweise erhalten *weiße* Menschen besseren Zugang zu rechtlichen, sozialen und politischen Institutionen.

Zweigeschlechtlichkeit, Geschlechterbinarität (Substantiv)
[Zweigeschlechtlichkeit bezeichnet die Vorstellung, dass es zwei – und nur zwei – einander gegenüberstehende Geschlechter gibt (Männer und Frauen).]

Dank

Dies ist mein erstes Buch, also entschuldigt bitte, wenn mein Dank allzu ausführlich ausfällt.

Jess St. Louis und Elizabeth French haben dieses Buch professionell ausgebessert. Ich danke ihnen beiden für ihre scharfsinnigen Einsichten und Weisungen.

Meine Werte haben definitiv zu einigen Zerwürfnissen in meinen familiären, freundschaftlichen, kollegialen und anderen Beziehungen geführt. Ich danke allen, die bei mir geblieben sind, mit mir gelernt haben, mit mir gewachsen sind.

Es scheint richtig, mit meiner Familie zu beginnen. Meinen Eltern, denen ich meine Existenz und einige meiner größten Lebenslehren verdanke: Danke euch für alles, das ihr für mich getan habt. Meiner Mama für ihre Stärke und meinem Papa für unsere kosmische Verbindung. Ich danke meiner Großmutter, die mich in ihrem Mut, ihrer Unabhängigkeit und ihrer andauernden Lernfähigkeit inspiriert – auch für die Hunderte von Scrabble-Sitzungen aus der Ferne (obwohl du jedes Mal gewinnst). Und meinem Großvater, der mich in die Welt der Bücher eingeführt hat, der meine Liebe für Literatur angeregt hat, meine Müsli-Schlabberei sauber gemacht hat und mir ein moralischer Kompass war. Und besonders danke ich meinen Schwestern, meinen Seelenverwandten, Rebecca und Kellie, den Müttern meiner geliebten Nichten. Ich kann mir nicht vorstellen, ohne euch beide durch diese komische, chaotische Welt zu steuern und schätze mich glücklich, mit solch wunderbaren, radikalen Menschen meine DNA zu teilen. Ich bin dankbar für unsere Gemeinsamkeiten, unsere Unterschiede, für alles, das wir zusammen und jeweils getan haben. Danke, dass ich eure Kleider klauen und eure Autos kaputtfahren darf, für die Geduld und Akzeptanz – und dass ihr mit mir auf's Dach steigt, um heimlich zu kiffen. Kell, den Abschnitt zu Geschlecht hätte ich ohne dich nicht schreiben können. Becs, den Abschnitt zu Konsens in der Familie hätte ich ohne dich nicht schreiben können. Ihr zwei und eure tollen Familien seid meine Held*innen.

An meine Freund*innen, meine Wahlfamilie. Greensboro in North Carolina war ein merkwürdiger Ort, um einige der mir liebsten Menschen im Leben zu finden, aber so spielt das Universum. An Kat, Saron, Nem, Cara: Ich hab' euch unendlich lieb. Ich bin dankbar, mit euch groß geworden zu sein, einander aufzuziehen, alles zu hinterfragen, miteinander eine radikale Haltung zu lernen, einander weiterhin in Liebe und Schwesternschaft zu halten.

John, es ist eine Ehre, zu deiner Familie zu gehören. Ich bin so dankbar, dass wir zufällig an unserem ersten College-Tag zusammen vor der Polizei abhauen und uns verstecken mussten. Meiner geliebten Anastasia, meiner liebsten Autorin, Comedienne und Show-Sängerin, meiner Inspiration, ein besserer Mensch zu sein: Danke dir, dass du in diesem Flugzeug geblieben bist und für all die Videogespräche aus der Ferne. Danke an Kathrin, Whitney, Kate, Dawn und Justin, Mike, Wallace, Paula, Courtney, Eric, Hannah, Hannah, Casey, Jenny, Liz, das IRC, George, Guilford College und sein Team sowie all die vielen Menschen, die meinem Leben in North Carolina Sinn geschenkt und es versüßt haben.

Dank an die brillante Becca Gildiner, die buchstäblich mit mir um die Welt gereist ist und damit meinen Lebensweg für immer verändert hat. Von den Erdbeerfeldern über umgeräumte Hotelzimmer bis zum Schlafen am Straßenrand: Danke, dass du bei mir geblieben bist. Danke an Meka, dass du mich in der Stadtbahn aufgegabelt hast, mir tiefe Liebe, herzhaftes Lachen und die schrankenlose Entschlossenheit geschenkt hast, wieder klarzukommen. Danke an xPatx: Du wirst für immer mein*e beste*r Freund*in sein. Und an meine Freund*innen von zuhause: Cait, Will, Max, Mer: Danke, dass ihr mich die »Komische« in unserer kleinen Gruppe habt sein lassen und mich trotzdem über all die Jahre lieb gehabt habt. Danke ans MFS für den Raum und das Werkzeug, zu rebellieren.

Danke meinen Freund*innen in Barcelona, dass ihr – so weit weg von Zuhause – mein Zuhause seid. Andrea, meiner Stier-Schwester: Danke, dass du mir so intensiv beistehst – als meine Großmutter, meine Schwester und meine Seelenverwandte. Eva: Ich kenne kaum Menschen, die so talentiert, fürsorglich und wunderbar sind wie du. Ich werde nie vergessen, welches Glück ich habe, dass du mich ausgewählt hast. Montse: Danke, dass du meinen ersten Text auf Katalanisch veröffentlicht hast! An alle von »Somos Venus« – Laura, Pons, Olga, Anna, Isa: Danke, dass ihr mir ein Fundament seid. An Nico: Ohne die Fahrrad- und Waschsalon-Touren mit dir wäre ich nicht in Barcelona. Danke, dass du dich von Anfang an um mich gekümmert hast und für deinen Witz. Nora danke ich für die Spiele und den Kaffee und die Lehrerinnen-Gespräche. Danke an die Familie Serra, dass ich in ihrem Fleckchen der Pyrenäen zum Soundtrack des Flusses Ter dieses Buch schreiben konnte. Danke an Maite und Emilio für eure Unterstützung und euren Enthusiasmus, ich hätte mir keine besseren Barcelona-Eltern wünschen können. Und Danke all meinen anderen Freund*innen in Barcelona, die mich unter ihre Fittiche genommen haben und diesen Ort so besonders machen.

Danke ans »Tom Tom Magazine«, dass ihr die ersten wart, die meine Texte veröffentlicht haben. Danke an Mindy, die mir sagte, ich solle von der Wissenschaft zum Schreiben wechseln. Danke an Liz Tracy, die mir geholfen hat, so schreiben zu lernen, wie ich es jetzt kann – und die an mein Schreiben glaubt, wenn ich es nicht kann. Danke ans Team von »Got a Girl Crush« für euren Einsatz für Frauen und für den Raum, in dem ich über Behaarung schreiben konnte.

Danke an das Team des Zines »La Palabra Más Sexy es… Sí« – Nuria, Marta, Andrea, Cristian, Lucia, Marisa und besonders Petra. Danke, Petra, dass du dieses Projekt ausgewählt hast und meine Freundin bist. Dieses Buch konnte ich nur aus dem Zine heraus schreiben, das ihr alle möglich gemacht habt. Ich bin euch für immer dankbar.

Danke an Nuria für den Sommer, den wir zusammen am Rechner saßen, Bücher durchsucht haben, durchgedreht sind und uns unendlich viele Sprachnachrichten schickten. Danke, dass du meine Schreibpartnerin und gute Freundin bist – und für deine Hingabe, aus diesem Buch etwas wirklich Besonderes zu machen.

Danke an Yolanda und Penguin/Randomhouse Barcelona, die mir diese großartige Gelegenheit verschafft haben, die mich und die Entstehung dieses Buch unermüdlich unterstützt haben. Ich kann gar nicht fassen, dass ihr alle mir dies ermöglicht! Danke an Eugenia und L'Altra Editorial, dass es euch als Heldinnen in der Verlagslandschaft gibt. Und dass ihr dieses Buch in eure unglaubliche Sammlung aufgenommen habt.

Danke an meine naturwissenschaftlichen Professor*innen, die mir sagten, ich sollte auf gar keinen Fall Naturwissenschaftlerin werden. Sie hatten Recht.

Danke an die Schriftsteller*innen, die mir eine Welt geschenkt haben, in die ich abtauchen konnte, wenn ich es brauchte, besonders die Frauen und nicht-binären Autor*innen unter ihnen. Danke für die Inspiration, den Anstoß, mir mehr Mühe zu geben, für die Hoffnung und die Lehren. Es würde ein ganzes Buch füllen, meine Lieblingsautor*innen zu nennen.

Danke, Christian, dass du so brillant, lieb, witzig und loyal bist. Ich habe keine Worte für meine Dankbarkeit für alles, was du mir geschenkt und beigebracht hast. Danke, dass du schon vor mir wusstest, dass ich ein Buch schreiben würde, und dass du mich durch die vielen Schritte dorthin begleitet hast, samt Ermüdung und zu viel Müsli. Danke auch für die Stunden über Stunden des Lektorats und Feedbacks.

Schließlich möchte ich jenen Teilen meiner selbst danken, die viele Menschen zu »laut«, »wütend«, »streitlustig«, »schwierig«, »dogmatisch«, »gemein« oder »emotional« finden – und gern leiser stellen würden. Es gäbe niemals dieses Buch ohne diese Anteile in mir, die ich gelernt habe zu lieben und zu nähren. Ich wünsche jeder Frau oder nicht-binären Person, der je eine dieser Zuschreibungen widerfahren ist, die Gelegenheit dazu.

Im Notfall

Was tun, wenn du einen sexuellen Übergriff [oder eine Vergewaltigung] erlebt hast

Zuallererst solltest du wissen, dass es nicht deine Schuld ist und dass du nicht alleine bist. Es ist normal, verwirrt zu sein, traurig, wütend oder auch andere Gefühle zu empfinden.

1. Gehe an einen geschützten Ort und kontaktiere einen Menschen, dem du vertraust. Es ist wichtig, dass du dich sicher und geschützt fühlst und dass du dir eine Person dazu holst, die dich unterstützen kann.

2. Wenn du soweit bist, überlege, ob du dich medizinisch untersuchen lassen möchtest. Wenn du eine gynäkologische Untersuchung zum Nachweis der Vergewaltigung möchtest, ist es am besten, das so schnell wie möglich zu tun und nicht vorher zu duschen. Andere Gründe, aus denen du vielleicht medizinische Begleitung in Anspruch nehmen möchtest, ist die Prüfung von sexuell übertragbaren Krankheiten sowie eine Notfallverhütung. Medizinische Einrichtungen haben üblicherweise spezialisierte Mitarbeiter*innen, die Opfer von sexualisierter Gewalt und Vergewaltigung professionell unterstützen. Zögere nicht, nach diesen Spezialist*innen zu fragen. Es ist nie zu spät, dir medizinische Hilfe zu holen.

3. Nur du kannst entscheiden, ob du die Straftat anzeigen möchtest oder nicht. Du kannst eine Vergewaltigung oder sexualisierte Gewalt bei der Polizei oder im Krankenhaus anzeigen. Die Fristen für eine Anzeige sind je nach Ort unterschiedlich. Es ist empfehlenswert, vorher zu recherchieren, was in so einem Verfahren zu erwarten ist und dich an eine parteiliche Beratungsstelle zu wenden, die dich bei allen Schritten unterstützt.

4. [Deutschsprachige Soforthilfe bezüglich Gewalt gegen Frauen für Betroffene, für unterstützende Personen und für Fachkräfte findest du hier: www.hilfetelefon.de.]

Vergiss nie, dass es nicht deine Schuld ist, was dir widerfahren ist, und dass du nicht alleine bist. Es ist nie zu spät für Heilung.

Du kannst helfen, Übergriffe und Vergewaltigungen zu verhindern, indem du als aktive*r Zeug*in auftrittst

Im Folgenden findest du ein paar Möglichkeiten, wie du als unbeteiligte*r Dritte*r sexualisierte Gewalt verhindern kannst:

Ablenken:
Wenn du siehst, dass sich eine Person unwohl fühlt, sprich sie an und frage etwas Einfaches, etwa ob sie etwas trinken oder essen gehen möchte, tanzen oder auf der Toilette eine Pause einlegen. Manchmal reicht es schon, irgendeine Unterhaltung mit der gefährdeten Person zu beginnen (»Verrücktes Wetter heute, wa?«), um die Gefährdungssituation abzubrechen.

Direkte Fragen:
Sprich die Person direkt an: »Geht es dir gut?«, »Fühlst du dich sicher/wohl?«, »Möchtest du hier weg?«, »Mit wem bist du hier?«, »Kann ich dir irgendwie helfen?«, »Möchtest du, dass ich bei dir bleibe?«

Alternativ kannst du die Person ansprechen, die die andere Person potenziell verletzen könnte und hier intervenieren – mit Sätzen wie: »Diese Person scheint nicht an dir interessiert zu sein, du solltest gehen«, »Diese Person ist offensichtlich zu betrunken, um ihr Einverständnis zu irgendwas zu geben. Du solltest gehen«, »Was hier gerade läuft, sieht nicht richtig aus, können wir zwei mal eben sprechen?«

Handeln als Gruppe:
Bitte eine*n Freund*in mitzukommen und sprecht die gefährdete Person an. Oder sprecht mit den Freund*innen der Person und lasst sie wissen, dass ihre Freundin* in Gefahr ist. Bitte eine der Freund*innen der Person, einzugreifen und ihre Freundin* für einen Moment zur Seite zu nehmen – ins Bad oder zu irgendeinem anderen geschützten Ort – wo sie direkt und offen fragen können, um sicherzustellen, dass es der Person gut geht. Sprecht mit den Menschen, die den Raum und eure Sicherheit verantworten: Erzählt den Angestellten, Sicherheitskräften oder anderen Menschen mit Autorität von eurer Sorge und bittet sie, zu intervenieren. Denkt daran, es ist ihr Job, dafür zu sorgen, dass alle Leute in dem Raum sicher sind.

Nach Hause:
Lasse die gefährdete Person nicht alleine aufbrechen. Begleite sie nach Hause, begleite sie in einem Taxi, begleite sie an einen

sicheren Ort, beharre darauf, die Person bis an ihren Zielort zu bringen.

Endnotenverzeichnis

1 United Nations Free & Equal (2015): Fact Sheet »Intersex«. Verfügbar unter: https://www.unfe.org/system/unfe-65-Intersex_Factsheet_ENGLISH.pdf.

2 Bardwell, Vivian J./Griswold, Michael D./Matson, Clinton K./Murphy, Mark W./Sarver, Aron L./Zarkower, David (2011): »DMRT1 prevents female reprogramming in the postnatal mammalian testis«. *Nature*, 476, 101–104.

3 Eliot, Lise/Ma, Wenli/Marwha, Dhruv/Tan, Anh/Vira, Amit (2016): »The human hippocampus is not sexually-dimorphic: Meta-analysis of structural MRI volumes«. *NeuroImage*, 124, 350–366.

4 Rosalind Franklin University (2015): »Male/Female Brain Differences? Big Data Says Not So Much«, 26.10.2015. Verfügbar unter: https://www.rosalindfranklin.edu/news/male--female-brain-differences-big-data-says-not-so-much/.

5 [Übersetzerische Anmerkung: Im Deutschen beruhen die medizinisch und rechtlich etablierten Begriffe »transsexuell« und »intersexuell« auf einer Fehlübersetzung aus dem Englischen – es geht hier nicht um Sexualität, sondern um Geschlecht. Die Begriffe werden im deutschsprachigen medialen Gebrauch nur langsam abgelöst.]

6 Williams, Christian (2014): »Gender Performance: The TransAdvocate interviews Judith Butler«, 01.05.2014. Verfügbar unter: https://www.transadvocate.com/gender-performance-the-transadvocate-interviews-judith-butler_n_13652.html.

7 Lloyd, Elizabeth (2006): *The Case of the Female Orgasm: Bias in the Science of Evolution.* Cambridge, MA: Harvard University Press.

8 Hite, Shere (1976): *The Hite Report: a Nationwide Study of Female Sexuality, Seven Stories.* New York: MacMillan Publishing (dt. Titel: *Hite Report. Das sexuelle Erleben der Frau*).

9 Spade, Dean (2002): »More Gender, More of the Time«. *Makezine.* Verfügbar unter: http://www.makezine.org/bibi.html.

10 Übersetzerische Anmerkung: Je nach Kontext zeigt die Statistik zu Inhaftierung besonders deutlich, dass nicht-*weiße* Männer unverhältnismäßig häufiger inhaftiert werden als *weiße* Männer.

11 Eddo-Lodge, Reni (2019): *Warum ich nicht länger mit Weißen über Hautfarbe spreche*. Aus dem Englischen übersetzt von Annette Grube. Berlin: Tropen.

12 [Übersetzerische Anmerkung: Mehr als die Hälfte der trans Personen, die im Rahmen einer Studie der Agentur der Europäischen Union für Grundrechte befragt wurden, gaben an, dass sie aufgrund ihrer Geschlechtsidentität im vergangenen Jahr Gewalt oder sonstige Diskriminierung erfahren haben.
Agentur der Europäischen Union für Grundrechte (2015): »Leben als Trans* in der EU – Vergleichende Datenanalyse aus der EU-LGBT-Erhebung – Zusammenfassung«, 12.5.2015. Verfügbar unter: https://fra.europa.eu/de/publication/2015/leben-als-trans-der-eu-vergleichende-datenanalyse-aus-der-eu-lgbt-erhebung.]

13 Human Rights Campaign (2020): »Fatal Violence Against the Transgender and Gender Non-Conforming Community in 2020«. Verfügbar unter: https://www.hrc.org/resources/violence-against-the-trans-and-gender-non-conforming-community-in-2020.

14 Transgender Europe (TGEU) (2018): »Global trans perspectives on health and wellbeing: TvT community report«. Verfügbar unter: http://transrespect.org/wpcontent/uploads/2018/12/TvT-PS-Vol20-2018_EN.pdf.

15 Mukhopadhyay, Samhita (2008): »Trial by Media: Black Female Lasciviousness and the Question of Consent«, in: Jaclyn Friedman und Jessica Valenti (Hg.). *Yes Means Yes!: Visions of Female Sexual Power & A World without Rape*. Berkeley, CA: Seal Press. 151–162.

16 Ebenda.

17 Ebenda.

18 Jacobson, Jessica/Heard, Catherine/Fair, Helen (2017): »Prison. Evidence for its use and over-use from around the world«. Verfügbar unter: http://www.prisonstudies.org/sites/default/files/resources/downloads/global_imprisonment_web2c.pdf.

19 Gross, Samuel R./Possley, Maurice/Stephens, Klara (2017): »Race and Wrongful Convictions«. Verfügbar unter: https://www.law.umich.edu/special/exoneration/Documents/Race_and_Wrongful_Convictions.pdf.

20 Chen, Michelle (2018): »Bodies Against Borders«, in: Roxane Gay (Hg.). *Not That Bad: Dispatches from Rape Culture*. New York: HarperCollins. 189–202.

21 Ebenda.
22 World Health Organization (2013): »Global and regional estimates of violence against women, Prevalence and health effects of intimate partner violence and non-partner sexual violence«. Verfügbar unter: https://www.who.int/reproductivehealth/publications/violence/9789241564625/en/.
23 Ebenda.
24 Ebenda.
Für einzelne Länderinformationen, siehe:
United Nations Department of Economic and Social Affairs (2015): »The World's Women. Trends and Statistics. Chapter 6: Violence against women«. Verfügbar unter: https://unstats.un.org/unsd/gender/chapter6/chapter6.html.
United Nations Women (2016): Global Database on Violence against Women. Verfügbar unter: https://evaw-global-database.unwomen.org/en.
25 European Union Agency for Fundamental Rights (2014): »Violence against women: an EU-wide survey«. Verfügbar unter: http://fra.europa.eu/en/publication/2014/violence-against-women-eu-wide-survey-main-results-report.
26 Marshall University Women's Center (2020): Rape Culture. Verfügbar unter: https://www.marshall.edu/wcenter/sexual-assault/rape-culture/.
27 Mayer, So (2018): »Floccinaucinihilipilification«, in: Roxane Gay (Hg.). *Not That Bad: Dispatches from Rape Culture*. New York: HarperCollins. 129–142.
28 [Laut Daten des Bundesministeriums für Familie, Senioren, Frauen und Jugend (BMFSFJ) sind 98,4 Prozent der Opfer von Vergewaltigung, sexuellen Übergriffen und Nötigung in Partnerschaften weiblich. BMFSFJ (2019): Gewalt gegen Frauen – Zahlen weiterhin hoch. Ministerin Giffey startet Initiative »Stärker als Gewalt«, Pressemitteilung vom 25.11.2019. Verfügbar unter: https://www.bmfsfj.de/bmfsfj/aktuelles/presse/pressemitteilungen/gewalt-gegen-frauen---zahlen-weiterhin-hoch-ministerin-giffey-startet-initiative--staerker-als-gewalt-/141688.]
29 European Union Agency for Fundamental Rights (2014): »Violence against women: an EU-wide survey«. Verfügbar unter: http://fra.europa.eu/en/publication/2014/violence-against-women-eu-wide-survey-main-results-report.
30 Dworkin, Andrea (1993): »I want a Twenty-Four-Hour Truce During Which There is No Rape«, in: Emilie Buchwald, Pamela R. Fletcher und Martha Roth (Hg.). *Transforming a rape culture*. Minneapolis: Milkweed Editions. 11–22.

31 Dworkin, Andrea (1987): *Intercourse.* London: Basic Books.
32 Lenz, Lyz: »All the Angry Women«, in: Roxane Gay (Hg.): *Not That Bad: Dispatches from Rape Culture.* New York: HarperCollins. 155–166.
33 Brewer, Gayle/Hendrie, Colin (2011): »Evidence to Suggest that Copulatory Vocalizations in Women Are Not a Reflexive Consequence of Orgasm«, in: *Arch Sex Behav.* 559–564.
34 Kramer Bussel, Rachel (2008): »Beyond Yes or No: Consent as Sexual Process«, in: Jaclyn Friedman und Jessica Valenti (Hg.). *Yes Means Yes!: Visions of Female Sexual Power & A World without Rape.* Berkeley, CA: Seal Press. 43–52.
35 Messner, Michael A. (2005): »The triad of violence in men's sports«, in: Emilie Buchwald, Pamela R. Fletcher und Martha Roth (Hg.). *Transforming a rape culture.* 2. Auflage. Minneapolis: Milkweed Editions. 23–46.
36 Corinna, Heather (2008): »An Immodest Proposal«, in: Jaclyn Friedman und Jessica Valenti (Hg.). *Yes Means Yes!: Visions of Female Sexual Power & A World without Rape.* Berkeley, CA: Seal Press. 179–192.
37 Donnerstein, Edward/Linz, Daniel/Penrod, Steven (1987): *The Question of Pornography: Research Findings and Policy Implications.* New York: Free Press.
38 Ethical Porn Curators (2017): »Chanel Preston — Why Ethical Porn?« Verfügbar unter: https://ethical.porn/chanel-preston-ethical-porn/.
39 Feminist Porn Awards (2017): »What is feminist porn?« Verfügbar unter: https://www.feministpornawards.com/what-is-feminist-porn-2/.
40 Lopez, Susan/Passion, Mariko/Saundra (2008): »Who're You Calling a Whore?: A Conversation with Three Sex Workers on Sexuality, Empowerment, and the Industry«, in: Jaclyn Friedman und Jessica Valenti (Hg.). *Yes Means Yes!: Visions of Female Sexual Power & A World without Rape.* Berkeley, CA: Seal Press. 273–286.
41 Rivera, Monica (2016): »Body Sovereignty and Kids: How can we cultivate a culture of consent«, TEDx Talk, 14.03.2020. Verfügbar unter: https://www.youtube.com/watch?v=EvGyo1NrzTY.
42 Wright, Richard M. (2017): »Rehearsing Consent Culture: Revolutionary Playtime«, in: Kitty Stryker (Hg.). *ASK: Building Concent Culture.* Portland: Thorntree Press. 35–42.
43 Powell, Anastasia (2014): »Bystander approaches. Responding to and preventing men's sexual violence against women«. Verfügbar unter: https://aifs.gov.au/publications/archived/3785.
44 Ebenda.

45 Rivera, Monica (2016): »Body Sovereignty and Kids: How can we cultivate a culture of consent«, TEDx Talk, 14.03.2020. Verfügbar unter: https://www.youtube.com/watch?v=EvGyo1NrzTY.

46 Corinna, Heather (2008): »An Immodest Proposal«, in: Jaclyn Friedman und Jessica Valenti (Hg.). *Yes Means Yes!: Visions of Female Sexual Power & A World without Rape*. Berkeley, CA: Seal Press. 179–192.

47 Rickert, Eve/Veaux, Franklin: »Consent Culture Begins at Home«, in: Kitty Stryker (Hg.): *Ask: Building Consent Culture*. Portland: Thorntree Press. 99–106.

48 [Der Text ist mittlerweile in gekürzter deutscher Übersetzung von Thorsten Möllenbeck erschienen: Crenshaw, Kimberlé W. (2013): »Die Intersektion von ›Rasse‹ und Geschlecht demarginalisieren: Eine Schwarze feministische Kritik am Antidiskriminierungsrecht, der feministischen Theorie und der antirassistischen Politik«, in: Helma Lutz, Maria Teresa Herrera Vivar und Linda Supik (Hg.). *Fokus Intersektionalität*. Wiesbaden: Springer. 35–58.]

49 Guobadia, Otamere (2018): »Kimberlé Crenshaw and Lady Phyll Talk Intersectionality, Solidarity, and Self-Care«, 31.08.2018, in: *them*. Verfügbar unter: https://www.them.us/story/kimberle-crenshaw-lady-phyll-intersectionality?mbid=nl__weekly&CNDID=53358947.

50 [Übersetzerische Anmerkung: Im Deutschen beruhen die medizinisch und rechtlich etablierten Begriffe »transsexuell« und »intersexuell« auf einer Fehlübersetzung aus dem Englischen – es geht hier nicht um Sexualität, sondern um Geschlecht. Die Begriffe werden im deutschsprachigen medialen Gebrauch nur langsam abgelöst.]

Zum Weiterlesen

Weiterführende Literaturangaben aus dem Original

Barker, Meg-John/Scheele, Jules (2020): *Queer. Eine illustrierte Geschichte.* Aus dem Englischen übersetzt von Jen Theodor. Münster: Unrast.

Dworkin, Andrea (1976): *Our Blood.* New York: Perigee Books.

Lorde, Audre (2018): *The Master's Tools Will Never Dismantle the Master's House.* London: Penguin Classics.

López Penedo, Susana (2008): *El Laberinto Queer: La identidad en tiempos de neoliberalismo.* Barcelona: Editorial Egales.

Roche, Juno (2018): *Queer Sex: A Trans and Non-Binary Guide to Intimacy, Pleasure and Relationships.* London: Jessica Kingsley Publishers.

Saini, Angela (2018): *Inferior: How Science Got Women Wrong and the New Research That's Rewriting the Story.* Boston: Beacon Press.

Weiterführende Literaturempfehlungen zur deutschen Ausgabe

Sexueller Konsens
Emcke, Carolin (2019): *Ja heißt ja und …* Frankfurt am Main: S. Fischer.

Holst, Sina/Montanari, Johanna (Hg.) (2017): *Wege zum Nein. Emanzipative Sexualitäten und queer-feministische Visionen. Beiträge für eine radikale Debatte nach der Sexualstrafrechtsreform in Deutschland 2016.* Münster: edition assemblage.

Torenz, Rona (2019): *Ja heißt Ja? Feministische Debatten um einvernehmlichen Sex.* Stuttgart: Schmetterling Verlag.

Sexualisierte Gewalt
Clemm, Christina (2020): *AktenEinsicht. Geschichten von Frauen und Gewalt.* München: Kunstmann.

Sanyal, Mithu (2016): *Vergewaltigung. Aspekte eines Verbrechens.* Hamburg: Edition Nautilus.

Sex, Körper, Sexualitäten
Bremer Olszewski, Tina/Henning, Ann Marlene (2012): *Make Love. Ein Aufklärungsbuch.* München: Goldmann.

Jugend gegen AIDS e.V. (Hg.) (2019): *FAQ YOU – Ein Aufklärungsbuch.* Berlin: Jugend gegen AIDS e.V.

Online
www.genderdings.de
www.konsenslernen.noblogs.org

Platz für deine Notizen:

Platz für deine Notizen:

Platz für deine Notizen:

Platz für deine Notizen:

Originaltitel: Yes is the sexiest word

Bibliografische Information der Deutschen Nationalbibliothek:
Die Deutsche Nationalbibliothek verzeichnet diese Publikation in der Deutschen Nationalbibliografie; detaillierte bibliografische Daten sind im Internet über http://dnb.d-nb.de abrufbar.

1. Auflage, 2021

www.orlanda.de

Übersetzung: Jennifer Sophia Theodor, Berlin
Illustrationen: Janice Mantwill, Heidelberg und Marie Michael, Berlin
Lektorat: Janice Mantwill, Heidelberg
Umschlag: Reinhard Binder, Berlin
Foto Autorin: © Eva Carasol
Foto Übersetzerin: © Lovis Dengler
Fotos Illustratorinnen: © privat
Satz: brama Studio, Wien
Druck und Bindung: CPI-Print, Leck
ISBN 978-3-944666-84-6
Printed in Germany